U0938005

北京工运大事记

（1883—2021）

北京市总工会◎编

中国工人出版社

图书在版编目（CIP）数据

北京工运大事记：1883-2021 / 北京市总工会编. —北京：中国工人出版社，2022.9
ISBN 978-7-5008-7972-5

Ⅰ.①北… Ⅱ.①北… ②北… Ⅲ.①工人运动—大事记—北京—1883-2021
Ⅳ.①D412.81

中国版本图书馆CIP数据核字（2022）第163894号

北京工运大事记：1883-2021

出 版 人 董 宽
责任编辑 赵晨羽
责任校对 张 彦
责任印制 栾征宇
出版发行 中国工人出版社
地　　址 北京市东城区鼓楼外大街45号 邮编：100120
网　　址 http://www.wp-china.com
电　　话 （010）62005043（总编室） （010）62005039（印制管理中心）
（010）62382916（工会与劳动关系分社）
发行热线 （010）82029051 62383056
经　　销 各地书店
印　　刷 北京市密东印刷有限公司
开　　本 787毫米×1092毫米 1/16
印　　张 17.75
字　　数 220千字
版　　次 2023年10月第1版 2024年4月第2次印刷
定　　价 62.00元

目　录

旧民主主义革命时期

新民主主义革命时期

社会主义革命和建设时期

改革开放和社会主义现代化建设新时期

中国特色社会主义新时代

旧民主主义革命时期

1883 年

本年 清政府在京西三家店创建神机营北京机器局，从欧洲买来机器修造西式枪炮。这是北京最早的近代工业，此后，北京产业工人渐次产生。

1884 年

8 月 16 日 京城电报局在东便门北侧泡子河胡同开设。到 1907 年，该局有员工 197 人。

1885 年

本年 北京鞋匠、玉器匠为要求增加工资举行罢工。

1888 年

本年 北京瓦木业工人为反对降低工资罢工，约有 400 人参加。

1891 年

本年 武举人李福明在东便门外金家村开办机器磨坊，日磨面 200 担，后被清政府以“私开机器磨坊”的罪名饬令停业。

1893 年

3 月 北京修建天坛祈年殿的木工约 500 人，为要求增加工资举行罢工，被清政府镇压。

1897 年

春 卢保铁路（卢沟桥至保定）总公司成立，在永定河畔建卢保铁路卢沟桥机厂，时有工人约 300 名。该厂 1900 年被义和团焚毁。

本年 北京邮政总局正式开办。至 1901 年，北京邮政职工有 104 人。

1901 年

年初 卢汉铁路（卢沟桥至汉口）长辛店机厂在长辛店三合庄建厂。本年至 1919 年，北京陆续创办了京华印书局、丹凤火柴厂、京张制造厂、溥利呢革公司、度支部印刷局、首善女工厂、永增铁厂、龙烟铁矿石景山炼铁厂、石景山发电厂等；城市公用事业兴办有北京电话局、京师华商电灯公司、京师自来水公司等。产业工人数量约 2 万人。

1910 年

本年 溥利呢革公司工人为要求增加工资举行罢工，迫使厂方应允将工资每日增加 4 枚铜元。

1911 年

6 月 12 日　北京邮工为抗议局方将投递次数由每日 4 次增至 6 次举行罢工。14 日，局方取消加班，工人复工。

1912 年

4 月　北洋政府公布实施《暂行新刑律》，规定有禁止工人罢工的条款。

6 月　财政部印刷局由印刷、制版、活版科工人发起，成立“财政部印刷局工务急进会”，会员达 300 余人。

7 月　总部设在上海的中华民国工党在北京成立事务所。次年 10 月该事务所停办。

1913 年

11 月 29 日　北京邮工为反对邮政当局把投递次数由每日 4 次改为 8 次而举行罢工。在局方的迫害下，罢工失败。

1914 年

3 月 2 日　北洋政府颁布《治安警察条例》，将同盟罢工视为“骚扰安宁秩序”和妨害“善良风俗”，列入犯罪项目。

8 月　北洋政府将《治安警察条例》改为《治安警察法》，规定

“有领导怠工情形者，有领导罢工情形者，有领导要求增加工资情形者，要判处徒刑或罚金”。

1916年

3月3日 财政部印刷局部分工人为索取花红（即年终奖）和增加工资举行罢工。次日，局方勾结军警到局镇压，工人被迫复工。

8月26日 陆军被服厂工人为反对工头克扣工资举行罢工。罢工坚持数日，少生产军装万余件。

1917年

本年 南口机车厂近300名工人为反对工头虐待向厂方抗议，迫使工头道歉。

1918年

11月16日 北京大学在中央公园（今中山公园）举行讲演会，校长蔡元培发表演说，题为《劳工神圣》。

11月 毛泽东来到长辛店，探望留法预备班湖南籍学员，调查长辛店机厂工人状况。

1919年（1月—5月）

1月5日 李大钊在《每周评论》第3期上发表《新纪元》一

文，号召“劳工阶级要联合他们全世界的同胞，作一个合理的生产者的结合，去打破国界，打倒全世界资本的阶级”。

3月23日 北京大学平民教育讲演团成立，以“增进平民知识，唤起平民之自觉心”为宗旨，团员有39人，邓中夏为总务干事。

5月1日 李大钊在北京《晨报》上发表《“五一节”May Day杂感》，介绍“五一”国际劳动节，指出：“我们中国今年今日，注意这纪念日的人还少。可是明年以后的今日，或者有些不同了！或者大不同了！”

新民主主义革命时期

1919 年（5 月—12 月）

5 月 4 日　五四运动爆发。长辛店留法预备班的学员和长辛店机厂艺员养成所及车务见习所的学员赶到城内参加反帝爱国示威活动。五四运动促进了马克思主义的传播及其与工人运动的结合，揭开了中国新民主主义革命的序幕。

5 月 7 日　长辛店机厂部分工人罢工，并和留法预备班、艺员养成所、车务见习所的学员一起包围机厂副厂长刘家骥的住宅，抗议其阻挠破坏长辛店工人和学生参加反帝爱国运动。

5 月 11 日　山东籍在京各业劳动者在彰仪门（今广安门）外集会，要求政府拒绝在出卖山东的巴黎和约上签字。

5 月　长辛店工人和学生组织了以抵制日货与储金救国为主要活动的“救国十人团”，其中工人团员有 500 余人。

同月　南口一带工人相约抵制日货，不为日本资本家做工。

6 月 5 日　上海工人为声援北京学生的反帝爱国活动举行罢工。罢工浪潮迅速扩展到全国 20 多个省 100 多个城市。长辛店铁路工人和学生在长辛店大街示威游行，部分工人举行罢工，并组建长辛店各界救国联合会。

6 月 9 日　长辛店铁路工人筹备全体罢工，与全国人民一道向政府施加压力，迫使当局于 10 日宣告罢免曹汝霖、陆宗舆、章宗祥三个亲日派官僚的职务。

6 月 11 日　北京工人、市民数万人举行集会，派代表向政府请愿，要求拒签巴黎和约。

6 月 28 日　在全国人民的强大压力下，出席巴黎和会的中国代表拒绝在和约上签字。

8月26日 为反对山东军阀惨杀爱国人士，长辛店铁路工人在史文彬等“救国十人团”成员的组织下参加北京总统府门前的请愿斗争。

9月 李大钊在《新青年》第6卷第5期上发表《我的马克思主义观》一文的上篇；11月，在第6卷第6期上发表此文的下篇。文章第一次在中国全面地介绍了马克思主义学说。

12月1日 陈独秀在北京《晨报》发表《告北京劳动界》一文，希望工人们能组织起来努力改善自己的境遇。

12月14日 长辛店举行工界、学界、女界、“救国十人团”及居民1000余人参加的国民大会，抗议日本帝国主义制造屠杀我国同胞的福州惨案。

1920年

1月 在李大钊的倡导下，北京部分学生到人力车夫居住区调查苦力工人的生活状况。

3月 李大钊、邓中夏、黄日葵、高君宇等在北京大学发起成立马克思学说研究会。长辛店铁路工人史文彬、唐山铁路工人邓培先后成为会员。

4月8日 邓中夏等北京大学平民教育讲演团的成员到长辛店、赵辛店一带进行讲演，宣传新思想。

4月30日 长辛店工人召开纪念“五一”国际劳动节会议，并于次日在长辛店大街和南去的火车车厢内张贴纪念五一的标语。

5月1日 《新青年》第7卷第6期出版《劳动节纪念号》，刊登工人生活图片33幅和16位工人的亲笔题词，并发表李大钊《五一运动史》一文。该文系统地介绍了“五一”国际劳动节的来历和各国举行纪念的情况，号召中国劳工同胞把五一作为一个觉醒的日子。

同日 李大钊、邓中夏等人组织领导了北京第一次纪念“五一”国际劳动节的活动。北京大学校友和学生500余人于上午召开五一纪念大会，李大钊在会上讲话。该校平民教育讲演团50人，分成5组沿街讲演纪念的意义。北京工读互助团的何孟雄等人乘汽车散发《五月一日北京劳工宣言》等传单。

同日 长辛店1000多名工人集会，纪念“五一”国际劳动节，邓中夏在会上发表演讲。

10月 北京共产党小组成立。11月，北京共产党小组更名为中国共产党北京支部，李大钊任书记。

11月7日 由邓中夏主编的《劳动音》周刊创刊。这是北京共产党组织向工人宣传革命道理的通俗政治读物。

11月16日 何孟雄在北京大学印刷厂发动70余名工人，为反对厂方欠薪4个月而举行罢工，取得局部胜利。

12月19日 邓中夏、张国焘、张太雷、杨人杞受中共北京支部派遣到长辛店与史文彬等磋商，筹办劳动补习学校，选定长辛店大街当铺口1号为校址。

1921年

1月11日 长辛店劳动补习学校开学，17日正式开课。学校分日夜两班，白天为工人子女上课，晚上为工人上课。学校“以增进劳动者和劳动者子弟的完全知识，养成劳动者和劳动者子弟高尚人格为宗旨”。邓中夏指出：“这个学校当然只是我们党在此地工作的入手方法，借此以接近群众，目的在于组织工会。”

3月30日 北京社会主义青年团召开全体团员大会，决定吸收青年工人和中学生入团，扩大团的组织。4月24日，北京社会主义青年团在北京大学二院召开全体团员大会，决定成立五一运动委员会，帮助京城、长辛店、唐山等地的工人利用五一节开展工人运动。

5月1日 在中共北京支部的领导下，长辛店1000多名铁路工人举行庆祝“五一”国际劳动节大会。会上散发《五月一日》、《工人的胜利》小册子及各种传单。大会通过成立工会的决议，会后进行了示威游行。

5月5日 京汉路长辛店铁路工人会成立。到7月，会员达350余人。中国共产党机关刊物《共产党》月刊报道了“长辛店工会成立”的消息，称赞它“办会很有条理”，“实可令人佩服，不愧乎北方劳动界的一颗明星”。

6月22日 京绥铁路京张段机务工人为要求增加工资，反对取消司机、司炉晋升的章程举行罢工。路局被迫答应工人的要求后，工人于25日复工。罢工后，京绥铁路机务工人成立名为精业研究所的团体，以保障自己的利益。

7月23日 中国共产党第一次全国代表大会在上海开幕，宣告中国共产党成立。从此中国出现了以马克思主义为行动指南的、统一的工人阶级政党。北京党组织的代表在大会上作《北京共产主义组织的报告》，介绍开展工人运动和宣传马克思主义的情况。

7月27日 长辛店修车厂400余名工人在工会的领导下，反对总管谈继先克扣工人工资，鲸吞奖金，违背短牌工改长牌工、发给乘车免票、星期日放假不扣工资等诺言，罢工两小时。在厂方被迫接受工人的要求后，工人复工。

7月下旬 中共北京支部以长辛店工会的名义创办《工人周刊》，广泛报道国内外工人运动的消息，发动工人建立工会组织。该刊后为中国劳动组合书记部北方分部的机关报。

8 月 11 日 中国共产党领导工人运动的第一个公开机构中国劳动组合书记部成立，张国焘任书记部主任。其总部设在上海，在有党组织的城市北京、武汉、长沙、广州、济南设立分部。

9 月 中国劳动组合书记部北方分部在北京成立，负责领导北方地区及各铁路沿线的工人运动。罗章龙任分部主任。

同月 中共北京地方委员会成立，由 4 名委员组成。李大钊任书记。

10 月 20 日 长辛店机器厂、修车厂、工务厂的工人代表 50 余人召开联席会议，决定整顿工会组织，把工头、司事、巡警从工会清除出去。京汉路长辛店铁路工人会更名为京汉路长辛店工人俱乐部。

11 月 17 日 北京大学马克思学说研究会在《北京大学日刊》上公布研究会的规约，公开招收会员。到 1922 年，长辛店、唐山等地的 20 余名工人加入研究会。

同日 陇海铁路工人举行大罢工。罢工坚持 11 天，最后取得胜利。罢工期间，中国劳动组合书记部北方分部曾派人进行指导，长辛店工人俱乐部给罢工工人以支持。

11 月 中共中央局发出通告，要求各区党的组织“必须有直接管理的工会一个以上，其余的工会也须有切实的联络”；对于劳动运动，“决议以全力组织全国铁道工会”；要求“上海、北京、武汉、长沙、广州、济南、唐山、南京、郑州、杭州、长辛店诸同志，都要尽力于此计划”。

12 月 8 日 北洋政府航空署所属南苑航空工厂的员司、工匠因抗议欠薪多月全体罢工，迫使航空署发付欠薪后复工。

12 月 12 日 京绥铁路工人因反对局长任用私人、贪污、不发欠薪和会计处长无理殴打催发工资的代表，举行全体罢工。在迫使交通部派员调查、撤换局长、允发欠薪及会计处长辞职后，工人于

18 日复工。

12 月 20 日—26 日 受中共北京地委和北方劳动组合书记部委派，何孟雄赴南口、康庄、张家口等地考察京绥铁路工人运动，并在南口机务段精业研究所作讲演。

本年秋 长辛店工人史文彬、王俊等加入中国共产党。

本年冬 中共长辛店机厂小组成立。次年，中共长辛店支部建立。

1922 年

1 月 1 日 长辛店劳动补习学校召开成立周年纪念大会，数百名长辛店工人和各地工会来宾出席。

1 月 12 日 香港海员大罢工爆发。罢工于 3 月 8 日胜利结束。罢工期间，长辛店工人俱乐部联络北方各路矿工人，发起成立香港海员罢工北方后援会，发布通电、文告，征集捐款以支援罢工。2 月 11 日，长辛店工人俱乐部派人在火车头上竖起“援助香港海员罢工”的大旗，奔驰在京汉路上，沿途进行宣传。

1 月中旬 北京印刷工人成立联合会，发表宣言及会章。

2 月 8 日 在李大钊的指导下，邓中夏、朱务善等人创办的校友夜校开学。学员有北京大学出版部和新知识书社的工人 50 余名。

3 月 12 日 李大钊在《北京周报》（日文）第 8 期上发表《中国工人运动的趋势》一文，对中国工人运动的现状和发展进行了分析，并预言北方的工人运动必将获得日新月异的发展和进步。

4 月 9 日 长辛店工人俱乐部召开正式成立大会，参加俱乐部的工人达 1800 余人。中共北京地委派邓中夏、陈为人、朱务善等人参加会议。会议进行 3 天，邓中夏主持。会议期间，由长辛店工人俱乐部发起召开有京汉路 14 个车站代表参加的第一次全路代表会议，筹备成立京汉铁路总工会。

5 月 1 日 根据中共中央的指示，由中国劳动组合书记部发起在广州召开第一次全国劳动大会。大会决定，在全国总工会成立以前，中国劳动组合书记部为全国工人组织的总通讯机关。邓中夏以京汉铁路长辛店工会代表的名义参加会议，并提出《工会组织原则案》，获得大会通过。

同日 北京高等师范学校举行“五一”国际劳动节纪念大会，青年团北京地委和北京 70 多个群众团体 5 万余人在天安门前举行国民裁兵大会。长辛店、南口的铁路工人代表也参加大会，史文彬等人在大会上发表要求改良工人待遇的讲话。会后，各团体进行示威游行。

6 月 15 日 中国共产党发表对于时局的主张，提出十一条党的奋斗目标，其中包括：保障人民结社集会言论出版自由权，废止治安警察条例及压迫罢工的刑律，制定保护童工、女工的法律及一般工厂卫生工人保险法等。

6 月 李大钊通过社会关系介绍 6 名共产党员以密查员的名义到各铁路开展工作，他们分别是京汉铁路包惠僧、津浦铁路陈为人、京绥铁路何孟雄、京奉铁路安体诚、正太铁路张昆弟、陇海铁路李震瀛。

7 月 16 日—23 日 中国共产党召开第二次全国代表大会，明确提出中国革命的任务是反对帝国主义和封建主义。大会通过的《关于“工会运动与共产党”的决议案》中强调：“工会进行劳动者的经济改良运动，必须进于为劳动立法运动。”此后，中国劳动组合书记部发布《劳动法大纲》和《关于开展劳动立法运动的通告》。

8 月 6 日 京绥铁路工人成立“护国救路团”，沿途散发传单，反对北洋政府将铁路卖给美国商人。7 日，车务工人会派 13 名代表到北京铁路总局请愿，要求取消与美国商人签订亡国卖路的“展期合同”。9日，车务工人会又发表《京绥路同人会反对交通部丧权之宣言》。

8月24日 长辛店3000余名铁路工人在邓中夏的领导下举行大罢工。罢工坚持两天，迫使当局答应工人提出的开除总管、工头，承认工人俱乐部有权推荐工人和增加工资等9项要求。

8月31日 中国劳动组合书记部为宣传劳动立法运动在北京大学举行新闻招待会。出席会议的有京汉铁路、京绥铁路、陇海铁路的工人代表和北京及各地的记者。邓中夏主持会议。他指出，劳动立法不是我们的目的，我们的目的是成立工人的国家。

8月 由于中国劳动组合书记总部在上海被帝国主义查封而迁到北京，邓中夏接任总部主任。

9月3日 中国劳动组合书记部在北京大学三院举行国会议员招待会，以推动劳动立法运动的开展。20余名国会议员和各铁路工人代表出席会议。

9月初 北京各界爱国同胞集会声援京绥铁路工人的斗争，迫使北洋政府取消“展期合同”。

9月上旬 南口机厂工人在何孟雄的带领下开展驱除工头毛有德的斗争取得胜利。

10月23日 开滦五矿同盟大罢工爆发。26日，军警武装镇压罢工，伤亡工人多名，激起全国人民的义愤。北京马克思学说研究会成立北京开滦矿工后援会，组成10个募捐队。长辛店工人俱乐部发表告全国同胞书，抗议军警的暴行，并发动工人募捐，给开滦工人的斗争以支持和援助。

10月27日 京绥铁路1000余名车务工人在何孟雄的领导下发出罢工宣言，提出增加工资等7项要求。罢工坚持两天，工人取得部分胜利，其中包括每人每月增加工资2元。

11 月 5 日　长辛店工人俱乐部委员王俊以工人代表的身份，作为中国共产党代表团的成员出席在莫斯科召开的共产国际第四次代表大会。会议于 12 月 5 日结束后，王俊又参加了赤色职工国际大会。

11 月 20 日　全国铁路工人代表会议在北京香山卧佛寺举行，邓中夏主持会议。会上讨论通过 14 项提案，除号召援助开滦煤矿工人外，决定成立全国铁路总工会筹备委员会，为计划于 1923 年正式成立全国铁路总工会作准备工作。

12 月 15 日　正太铁路 1000 多名工人为增加工资、改善待遇、要求承认工会而举行罢工。罢工坚持 12 天，当局被迫接受工人的要求。罢工期间，长辛店工人俱乐部在政治上、经济上给予大力支持。

1923 年

1 月 5 日　京汉铁路总工会筹备委员会在郑州召开会议。鉴于全路已有 16 个站的工人俱乐部改组为分工会，工会组织日趋健全与统一，成立京汉铁路总工会的时机已经成熟。会议决定 2 月 1 日在郑州召开代表大会，正式成立京汉铁路总工会，会址设在郑州，在长辛店和汉口江岸设总工会办事处。

1 月 26 日　京郊菜农和菜贩为抗议当局增收菜捐举行罢市。在李大钊的指导下，长辛店工会与菜农联合起来，向税务局发出最后通牒，从即日起农民停止进城送菜、淘粪，迫使当局停止增收菜捐。

2 月 1 日　京汉铁路总工会成立大会在郑州召开。直系军阀吴佩孚派军警包围会场，禁止开会。工会代表们不畏强暴，冲入会场，宣布京汉铁路总工会成立。军警强迫散会，并搜查代表住所，捣毁工会牌匾，勒令各工会代表及来宾立即出境。为抗议军阀暴行，大会领导成员于当晚召开秘密会议，决定将总工会迁到汉口江岸，从4日起京汉铁路全线工人大罢工。

2月2日　中国劳动组合书记部为反对军阀破坏京汉铁路总工会在郑州开成立大会向全国各工团发出通电，要求各工团本阶级斗争之精神，切实援助京汉铁路工人。

2月3日　到郑州参加会议的长辛店工会代表史文彬、王俊、陈励茂和吴雨铭回到长辛店，向工会委员们传达总工会关于罢工的命令，得到一致拥护。

2月4日　京汉铁路2万余名工人遵照总工会的命令，在“为争自由而战，为争人权而战”的口号下，从上午9时开始，不到3小时即在长达1200公里的京汉铁路线上实现全路总罢工。总工会发表罢工宣言，向北洋政府国务院和交通部提出惩办凶手、撤换局长、退还总工会会所和赔偿损失等5条要求，号召全路工人团结一致，努力奋斗。

2月5日　军阀曹锟和京畿卫戍总司令王怀庆派军警6个营进驻长辛店，伺机镇压罢工工人。

同日　北京民权运动大同盟召开紧急会议，组织铁路工人罢工后援会，决定向全国发出援助京汉铁路大罢工的通电，并派代表慰问工人。

2月6日　军警增加两个营的兵力，在长辛店镇实行戒严。从晚9时开始，依照京汉铁路局局长赵继贤的密令，军警在工贼的带领下，将长辛店工会的干部史文彬、陈励茂、洪永福、杨锡珍、吴祯、王永泰、李玉、易顺、吴春溪，以及劳动补习学校的教员吴雨铭、卜润舟11人逮捕，押在火神庙，后解送保定。

2月7日　吴佩孚命令赵继贤及湖北军阀肖耀南等对京汉铁路工人进行大屠杀。在长辛店，2000多名罢工工人高呼“还我工友，还我自由”的口号到火神庙索还被捕的工会领导人时，军警开枪射击，造成30余人伤亡、32人被捕的惨剧。同时，在汉口江岸、郑州等地罢工工人也遭到军警的血腥镇压。京汉铁路工人大罢工中共有52人牺牲，其中长辛店5人，酿成震惊中外的二七惨案。

同日 中国劳动组合书记部发出《为京汉铁路局长赵继贤惨杀长辛店工人事通电》和《为“二七”惨案告全国同胞书》，指出工人阶级受到如此残酷的迫害，是因为国家政权握在军阀手里，号召全国工人阶级组成坚强的团体，联合农民、商界、学界，同心协力，打倒公敌封建军阀，建立真正的民主共和政治。

同日 北京铁路工人罢工后援会发出通电，强烈抗议军阀逮捕长辛店工会干部，屠杀工人的罪行。

2月8日 北京中等以上各国立及公私立学校学生召开大会，声讨直系军阀惨杀京汉铁路工人的罪行。

2月9日 北京大学和女子高等师范学校分别召开全市大专学校的学生大会，长辛店工人和家属在会上控诉直系军阀的暴行。

同日 京汉铁路总工会和湖北工团联合会为保存力量，分别发出文告，忍痛劝导工人复工。

2月27日 中共中央机关刊物《向导》周刊第20期发表《中国共产党为吴佩孚惨杀京汉路工告工人阶级与国民》，号召全国人民和工人阶级团结起来，打倒惨杀工人的吴佩孚、曹锟，打倒一切压迫工人的军阀。

2月 中共北京地委召开会议，总结北方、铁路、矿山罢工的教训，讨论决定今后的斗争方针和工作安排。

3月22日 在中共北京地委的领导下，北京各界群众1000余人在高等师范学校举行追悼二七被难诸烈士大会。中国共产党为大会致挽词。

3月 中国劳动组合书记部领导的工人周刊社出版《京汉工人

流血记》一书，全面系统地叙述二七大罢工（即京汉铁路工人大罢工）的流血斗争。

5月1日　中共北京地委组织北京各团体联合会在天安门前召开“五一”国际劳动节纪念大会。学生及各界群众6000余人到会。大会通过决议，提出工人集会结社及罢工自由，恢复被封工会，严惩二七惨案祸首等5条要求。

11月　中共北京区委兼北京地委编辑的《劳动周刊》发行2500份，在北方工人中产生较大影响。

1924年

2月7日　全国铁路工人代表大会在北京秘密召开，来自9条铁路的20多名代表出席大会。大会正式成立全国铁路总工会，孙云鹏任委员长。

2月　北京油漆工、鞋工、瓦木工分别集会，要求增加工资。

3月8日　中共北京区委兼北京地委改组，李大钊任委员长。

11月8日　中共北京区委积极设法营救出二七大罢工以来被捕的工会领袖，史文彬等14人被释放出狱。

11月23日　中共北京区委机关刊物《政治生活》发表文章，公开提出“恢复工会运动”的口号。文章要求工会领袖们利用军阀混争不已的形势，“不仅要将工会之名义恢复，并且要特别注意工会之基本组织”。

1925年

1月27日　北京电车工人为要求提高工资，争取职业保障，保护工人生命安全举行罢工。30 日，罢工要求得到部分满足后，工人复工。

2 月 7 日　北京大学和长辛店分别举行二七大罢工两周年纪念大会。

3 月 22 日　北京永华、同新、光明、同昌 4 家印刷厂的工人，为抗议当局的压迫举行罢工。23 日，罢工进一步扩大，其他印刷厂工人陆续加入，造成 12 家报纸未能出版。瓦木、服装、修理、织布、造纸等行业的工人也相继举行罢工。

5 月 1 日　以何孟雄为秘书长的京绥铁路总工会在张家口成立，西直门、南口、康庄、张家口、大同、平地泉、包头等地设分工会。

5 月 30 日　五卅运动爆发。6 月 5 日，北京学界、工界、商界、新闻界 480 多个团体的 600 多名代表在中央公园召开“北京各界对英日帝国主义惨杀同胞雪耻大会”筹备会，推举邓鹤皋、夏之栩、刘清扬等 30 人为临时执行委员，负责筹备各项工作。

6 月 10 日　北京社会主义研究会、马克思学说研究会、国民党北京市党部、工商会联合会、共进社、北京反帝大联盟、京汉铁路工会等 150 多个团体及各界群众数万人在天安门前召开“北京各界对英日帝国主义惨杀同胞雪耻大会”。

6 月 14 日　长辛店铁路工人 5000 余人在天安门前集会，抗议英日暴行，会后进行示威游行，并向段祺瑞执政府和外交部递交请愿书，提出“惩办沪案戎首”、“收回租界”等 7 项要求。

6 月 15 日　由中共北京区委职工运动委员会书记陈为人领导的《北京工人》创刊。该刊为周刊，后为北京总工会机关刊物，1926 年停刊。

同日　财政部印刷局 2600 余名工人罢工一天，并组成十人团上街讲演，印发传单 3 万多张。

6月25日 在抗议英日暴行全国总示威日，国民党北京市党部、北京各界雪耻大会、北京工界联合会、全国妇女联合会、电车公司工人雪耻会、印刷工人雪耻会等200多个团体30万人在天安门前举行悼念沪汉遇难同胞大会，并举行示威游行。

7月18日 以工人为主体的北京国民大会在天安门前举行，到会500余个团体4万多人。

8月3日 北京铁厂、电车公司、电灯公司、电话局等10余家企业的工会小组，联合成立北京机器工人俱乐部、上海工会及长辛店工友代表在成立大会上讲话。各单位报告成立工会小组的情形。大会推选5人为执行委员，负责秘书、庶务、会计、交际、调查等5个股的工作。

8月6日 在英国驻华使馆工作的中国工人，激于对英帝国主义在上海、广州等地残杀中国人民暴行的愤慨，举行罢工。参加罢工的有300多人，罢工坚持两个多月，使英国驻华使馆陷入困境。

10月25日 中共北京党组织领导下的北京总工会发表对时局宣言，这是"北京总工会"的名称第一次公开出现。

10月 中共北京区委兼北京地委改组为中共北方区执行委员会，李大钊任书记。

11月10日 北京总工会在北京大学三院举行升旗礼。

11月28日 北京爆发由中共北方区委和国民党北京执行部共同发动组织，以推翻段祺瑞执政府，建立国民行政委员会为目的的"首都革命"。北京工人编成的敢死队、保卫队、救护队参加游行，高呼"打倒军阀政府，建设国民政府"等口号。

12月中旬 在陈为人的领导下，北京总工会派人发动顺义等县农民抗纳鸡蛋捐的斗争取得胜利。

12月 北京总工会出版北京工人丛书第一种《铁锤下之火花》，

由陈为人编辑。该书公布了《北京总工会章程》等重要文件。

1926年

1月1日 北京总工会正式成立，会址设在南池子小苏州胡同12号，主要负责人有：丁振华、林维翰、赵清怀、张占元、张兆堃、李昆、马荣堃、董学仁、赵铨林等。北京总工会发表的成立宣言指出："北京总工会不独是保护工人利益，防止资本家等反动势力进攻的武器，并且是整顿工人队伍，联合全国及全世界无产阶级共同奋斗，打倒资本帝国主义，以求工人根本解放的机关。"

1月6日 中共北方区委宣传部长、职工运动委员会主任赵世炎在《政治生活》上发表文章《庆祝北京、天津总工会成立》。

1月 南口多数铁路工人加入工会。工会出版了通俗刊物《南口工人》。

2月27日 北京总工会等团体4万多人在天安门前举行"反英讨吴示威大会"。

3月18日 在中共北方区委的组织下，"反对八国通牒示威大会"在天安门前举行。北京总工会、京绥铁路总工会等工人团体和各界群众5000余人齐集会场，抗议帝国主义的野蛮举动和段执政府的丧权辱国。会后，当游行队伍行进到东城铁狮子胡同段执政府门前的时候，预先埋伏的军警突然开枪射击，造成47人遇难、199人负伤、60余人失踪的三一八惨案。财政部印刷局富振起等工人在惨案中牺牲。鲁迅把这一天称作"民国以来最黑暗的一天"。

3月23日 北京总工会、全国学生总会等团体及各学校学生一万多人，在北京大学三院举行"三一八死难烈士追悼大会"。此后，北京总工会迫于形势压力，逐渐停止活动。

4月15日 国民军在奉系军阀的进攻下退出北京撤至南口一带，双方在南口展开大战。南口工会组织在中共中央支援国民军、反对奉系军阀号召下，发动铁路工人对国民军作战给予很大支持。

1927年

4月6日 奉系军阀张作霖在帝国主义的支持下，逮捕了李大钊等共产党员及国民党左派人士80余人。28日，李大钊等20名革命者被处以绞刑，英勇就义。北京升昌铁工厂工人、北京总工会骨干、中共北方区委机关工人支部书记李昆作为20名革命者之一也壮烈牺牲。

7月5日 财政部印刷局工人为索要局方积欠4个月的工资举行罢工，包围工厂大楼。迫使局方答应分期补发欠薪后，工人于11日复工。

10月10日 北京总工会在西城藤牌营4号二度成立。

10月中下旬 奉系军警破获北京总工会办公地址，先后逮捕39人，于25日在天桥刑场将北京总工会工作人员等10人枪杀。

1928年

6月20日 国民党南京政府改北京为北平特别市。“国都南迁”后，北平商业店铺大多萧条歇业，工厂作坊纷纷关门倒闭，大量工人失业。

6月30日 在国民党北平市党部的组织下，北平市总工会成立。参加该会的有长辛店铁路工会、西直门铁路工会、南口工会、电灯工会、电车工会、邮局工会、印刷工会、粪夫工会、报夫工会等。

10月8日 北平《新晨报》报道：北平贫无衣食之人达18万之多，占当时全市人口130万人的13.8%。

1929年

2月 在二七惨案6周年之际，史文彬在《中国工人》发表题为《“二七”精神是什么》的文章，分析二七罢工的经验教训。

同月 中共北平市委制订工作计划，确定北平党组织最主要的任务是到群众中去，尤其是到工人群众中去。

4月初 门头沟杨家坨中日煤矿矿工发动罢工，要求增加工资，改善待遇。

6月7日 北平电话工会为要求增加薪水、改善工人生活待遇组织工人进行怠工斗争，并向各界发出宣言，呼吁给予援助。北平邮务工会、北平电车工会、北平大车工会、丹华火柴厂工会均对怠工予以声援，迫使局方部分满足工人要求。

6月12日 北平邮务工会致函邮务总局，并发表宣言，要求撤掉肆意凌辱工人的财政部印刷局邮票监视处处长英国人戈德裕。18日，在工人的强烈要求下，邮务总局解除戈德裕的职务。

6月28日 北平《新晨报》报道：全市失业者已达30余万人，占全市人口的23%。

8月21日 北平市49个公立小学校的教员联合举行怠工，要求增加经费，改善教员待遇。怠工斗争坚持到9月9日，当局被迫答应条件。9月10日，北平各公立小学校教员正式复工。

10月22日 北平人力车夫工会组织工人捣毁电车机车43辆、拖车20辆，使交通中断两三个小时。国民党北平市当局宣布戒严，出动大批军警，逮捕工人2000多人，封闭人力车夫工会。11月6

日，人力车夫工会领导者贾春山被杀害。

10 月 31 日 中共中央对北平人力车夫事件发出《通告》，指出："这次事件的爆发，很显然是国民党蓄意屠杀最巧妙最毒辣的残酷手段。国民党各派在利用工人互相残杀，然后加以暴动的罪名大施压迫和屠杀，以掩饰他屠杀的罪恶。"

1930 年

2 月 7 日 中共北平市委在天桥举行市民示威大会，到会工人、贫民、学生 3000 多人。集会被国民党北平市当局镇压。

7 月 15 日 中共顺直省委指示中共北平市委，目前总的任务是加紧争取广大的工人群众，组织工人的政治罢工。

7 月 22 日 北平邮务工会因改善待遇的要求遭到邮政总局拒绝，宣布怠工。27 日，邮政总局被迫接受北平邮务工人的条件，工人复工。

9 月 15 日 由中共北平市委、团市委、北平工人联合总会、反帝大同盟、文化大同盟等 5 个团体代表组成的北平苏维埃临时准备委员会正式成立，决定出版机关报《北平苏维埃》，印发苏维埃十大政纲。

9 月 25 日 中共顺直总行委给北平行委的指示信中要求北平党组织于 10 月 5 日召集北平市工人代表会，正式成立北平总工会，未果。

1931 年

9 月 28 日 北平 250 余个团体 20 余万人在太和门前举行北平

各界抗日救国市民大会，北平市总工会为大会主席团成员之一。大会通过提案29项，电请南京国民政府对日交涉应取强硬态度，如无圆满答复即对日宣战。会后分3路游行，沿途高呼反日口号。此后，北平市总工会即以北平市工界抗日救国联合会的名义进行活动，其所属各工会亦均以抗日救国会的名义出现。

10月10日 北平市邮务工会抗日救国会召开成立大会，通过议案：一是通电全国请一致备战；二是成立邮工义勇军；三是组织邮工宣传队；四是联合各工会，组织北平工人抗日救国会。

10月18日 北平市工界抗日救国联合会召开成立大会，邮务、游艺场、大车、火柴、自来水、粪夫、缝纫、地毯、报夫等工会代表100余人参加。会议决定请全国工会速组义勇军，全国工界实行对日不合作，积极筹募爱国捐。

12月1日 北平市学生抗日救国会（新学联），组织北京大学、朝阳学院、中国大学等40余所院校1600余人参加的南下请愿团赴南京请愿。北平市工界抗日救国联合会南下请愿团20余人也同车南下。

12月2日 北平市工界抗日救国联合会30余名代表面见张学良，要求与日开战，全市工人愿为前驱。

12月11日 中共北平市委发表《广州暴动四周年纪念告工人贫民书》，号召“工人罢工贫民骚动，准备暴动，建立苏维埃政府”。

12月18日 中共北平市委制订《北平市委目前工作计划》，对组织、宣传、教育、职工、农运、士兵、反帝和其他群众革命团体的工作进行安排，并决定成立职工运动委员会和兵运委员会。

本年 北平市政府公安局公布，1931年度全市极贫户共计228430人，次贫户397066人。二者合计625496人，占全市人口130万人的47.7%。

1932年

1月7日 北平市工界抗日救国联合会派员到医院慰问自锦州撤退来平的抗日伤兵。

2月1日 北平市工界抗日救国联合会为反对日本侵略军向上海发动进攻通电全国，号召全国同胞奋起保卫上海。

2月7日 在中共北平市委的领导下，北平抗日团体联合会组织2000多名学生、工人、市民集会，纪念二七大罢工，宣传抗日，遭军警围捕。

5月 北平邮务工人为反对邮费涨价举行罢工。罢工委员会将各邮局封闭，邮运完全停止，国民党交通部被迫受邮工要求，斗争取得胜利。

10月6日 北平邮务工会发表宣言，公布北平邮区邮务长聂克逊的十大罪状，表示："今日之势，有聂克逊无北平工友，有北平工友无聂克逊，我们誓以两千工友的全力，与帝国主义的聂克逊周旋"，迫使邮政总局调离撤换聂克逊的职务。

12月6日 北平电车工会向电车公司提出增薪等10项要求。经劳资双方反复谈判，工会提出的要求得到部分满足。

1933年

1月7日 北平市工会救国联合会致电南京国民政府，谴责政府消极抗日，要求政府速出精兵抗战，收复失地。此后，该会又先后于2月22日、23日，4月12日、18日致电南京国民政府和蒋介石，要求政府积极抗战，并取消日本在华的一切权力。

1 月 10 日　北平市邮工义勇军后援会召开成立会议，发表成立通告和宣言。

1 月　北平电车工会议决各工友捐助 1 日工资慰问前方将士。

2 月 24 日　北平报夫工会制作各种标语随报附送读者，劝告阅报人抵制日货。

3 月 4 日　长城抗战爆发。日本侵略军占领承德后，随即向长城各要地进攻。驻守长城前线的爱国将士奋起抵抗。22 日，北平邮政同仁发起募捐活动，慰劳长城抗战的前方战士。

3 月　北平丹华火柴厂开展反对强扣“爱国捐”的斗争，同时提出自愿募捐，成立工人捐款保管委员会，并自派代表送到抗日前线。

同月　平绥铁路职工募集捐款 1 万元慰劳前方抗日将士。

11 月　西直门火车站铁路工人 300 余人，为反抗国民党宪兵三团的宪兵敲诈勒索和逮捕工人，进行了 10 小时的罢工。结果被捕工人获释，斗争取得胜利。

1935 年

12 月 9 日　北平爆发一二・九爱国民主运动，这是中国共产党领导的一次大规模学生爱国运动，得到了全国人民和北平各界群众的支持。

1936 年

2 月 1 日　在中共北平市委的领导下成立了以先进青年为主体的中华民族解放先锋队。长辛店铁路工厂艺员养成所的徒工范船、梁冰等人参加民先队，成为工人民先队员。

2月7日　北平文化界救国会、天津文化界救国会、北平学生联合会、天津学生联合会、山西学生联合会、北平妇女救国联合会、天津文艺青年救国会等团体，联合发表《为“二七”纪念告全国同胞书》，呼吁“希望中国目前的民族解放运动会由工人群众的积极参加，迅速得到更大的发展”。

4月10日　刘少奇在《火线》第55期上发表《肃清立三路线的残余——关门主义与冒险主义》一文，系统地批判了中共在白区工作，特别是在白区职工运动中的“左”倾关门主义和冒险主义的错误，强调在民族危机空前严重的形势下，为了把全民族抗日反卖国贼的统一战线建立起来，必须彻底清除这种错误。

4月　刘少奇撰写《关于白区职工运动的提纲》，总结了1927年以来白区职工运动的经验，提出白区职工运动的正确方针。《提纲》指出：“我党目前在中心城市与产业中心的工作任务，还是争取群众，争取工人阶级的大多数，积蓄工人阶级的雄厚力量，以准备将来决定胜负的斗争。”《提纲》明确提出，在我们广泛采取合法形式来组织工人群众的时候，“应该暂时放弃独立组织赤色工会的任务，过去那些秘密的赤色工会即行取消”。

1937年

7月7日　日本侵略军在卢沟桥挑起冲突，中国驻军第二十九军一部奋起抵抗，史称七七事变。北平各界人民掀起以支援抗战为中心的爱国高潮。长辛店工人收集大批铁轨、枕木、麻袋，冒着生命危险赶赴宛平前线构筑防御工事，帮助抗日军队修枪械、磨大刀，运送军火弹药。

7月15日　北平市各工会联合会携带慰问品到医院慰劳受伤的

抗战官兵，组织工人前方救护队到战地救护伤员。

7月29日　北平沦陷。日本侵略军进占北平，从军事、政治、经济、文化等方面建立起法西斯殖民统治。

8月1日　日本侵略军操纵成立“北平地方维持会”，作为日本统治北平的工具。接着又在北平建立起伪“中华民国临时政府”，宣布定都北平，并将北平改称为北京。对此，中国国民政府始终未予承认。

12月24日　汉奸组织“新民会”在北平成立。

本年冬　中共北平城市工作委员会成立，在电车公司、白纸坊印刷厂、仁立地毯厂、师大附中等工厂、学校建立党的支部。

1938年

6月18日　伪“新民会”首都指导部成立劳工协会，将北平各行各业的职业团体改组为“新民会”的各种职业分会，加强对北平工人的野蛮控制和奴化宣传。

7月7日　晋察冀八路军平西部队攻入北平西郊，炸毁石景山发电厂锅炉，俘获伪军30名、缴枪30支，使北平一度断电。

9月　中共平津唐点线工作委员会成立，所辖北宁铁路党委组织了党的秘密外围群众团体“北宁铁路职工抗日救国会”，并建立秘密交通联络线，为抗日根据地输送军用品、药品等物资。

10月下旬　为庆祝所谓在武汉的“胜利”，石景山制铁所的日本人把日本国旗插到高炉顶上，多次被该所工人群众烧毁。

1939 年

11 月 9 日 据北平《晨报》报道，在不到一年的时间内，日伪从华北向内蒙古和东北输送的劳工达 100 多万人。

1940 年

4 月 7 日 北平 100 余家成衣店工人要求增加工资进行罢工，斗争坚持一个多月，取得胜利。

8 月 22 日 伪“新民会”在北平设立劳工总署，统制华北劳工。

1941 年

2 月 15 日 日本华北方面军制订“治安强化运动”实施计划，决定从 1941 年 3 月至 1942 年 10 月，在华北地区开展 5 次大规模的“治安强化运动”，大肆逮捕残害屠杀中国民众，制造了难以数计的惨剧。

2 月 平西根据地八路军军服厂接受 3 天内完成 9000 顶军帽的紧急任务。仅有 60 多名工人的军服厂，加班加点如期完成，受到中共晋察冀分局机关报《晋察冀日报》的表扬。

12 月上旬 石景山制铁所的日本侵略者为庆祝偷袭珍珠港的所谓“胜利”，在一号高炉炉顶上竖起一面日本太阳旗，被制铁所工人机智地利用高炉喷出火焰焚毁。

1942 年

6 月　石景山制铁所炼铁、运输等厂的工人群众，为反抗非人生活举行罢工。

7 月　石景山制铁所一炼铁炉结瘤，在炉温尚未降低时，日本监工就强迫工人钻进炉内扒渣。结果渣料塌落，当场烫死 5 人、烫伤 18 人。

本年冬　八路军晋察冀军区 7 团两个连在矿工的配合下攻克平西大台煤矿，歼灭日伪军百余人，缴获大量武器弹药及粮食。

1943 年

1 月 29 日　日伪军包围平谷县宴庄金矿，46 名工人惨遭杀害。

3 月中旬　门头沟煤矿工人为增加工资举行罢工，取得胜利。

3 月 28 日　北平各香厂工人举行要求增加工资的罢工。

5 月 25 日　据北平《晨报》报道，1942 年被输往各地的华北劳工超过一百万人。

7 月　日伪当局命令各粮店出售所谓“混合面”。北平《晨报》7 月 26 日报道，混合面凭户口单每人每日限购 1 斤。8 月 17 日该报又报道：每人每日限购半斤。混合面系由 50 余种东西混合磨成，包括豆饼、玉米滓、高粱滓、豆滓、麸子、豆皮、麦滓、不良杂质及土砂等。

7 月—8 月　北平霍乱流行。石景山地区疫情严重，与市区中断交通 5 日。仅 7 月，石景山制铁所就有 2000 余人死于霍乱。

1944年

3月 由于日伪对工人实行野蛮奴役，石景山制铁所在本月内发生大小工伤事故31812次，平均每天上千次（日伪档案：1944年3月华北制铁所作业月报）。

5月13日 北平《华北新报》载：北平电车工人每日工作13小时到15小时，所得收入3口之家仅能维持20天，其余10天的生活给养须另想办法。在工作之余去做小买卖、打短工、拉人力车、蹬三轮车等。

7月11日 中共地下党党员许言午等人在马家堡火车站制造日本军用列车出轨事件，造成日军重大伤亡。

9月3日 北平《华北日报》报道：自9月10日起开始配售8月份市民食粮，每人混合面10斤。

本年秋 日本军用兴亚被服厂工人在中共地下党的组织下为反对经理打骂工人发动罢工，要求不许再打骂工人和改善工人伙食。罢工取得胜利。

1945年

4月 北平粮荒，每人每月只配给10斤“杂粮粉”，物价飞涨。

5月 南口机车厂30多名民兵在夜间破坏五孔桥一带的电线，共锯倒电线杆35根，并将收集的电线几百斤，送到抗日根据地。

7月16日 北平邮局全体信差、快递信差和保险集金差为要求给予食品宣布罢工。局方害怕势态扩大，满足工人部分要求。

8月15日 日本宣布无条件投降。北平工人和广大市民热烈欢庆中国抗日战争取得胜利。

9月 中共晋察冀中央局批准成立中共北平市委员会，刘仁为书记。10月，市委的下属组织工人工作委员会（简称工委。1947年冬改组为市政工人工作委员会，简称市政工委）、平民工作委员会（简称平委）、铁路工作委员会（简称铁委），以及学生工作委员会、文化工作委员会、警察工作委员会等先后建立。

同月 国民党当局在全市推行“甄审”。所谓“甄审”就是对曾在沦陷区读书的学生和工作的职工进行一种侮辱性的审查。通过“甄审”的手段，北平电信局裁去212人，占该局职工总数的10%。南口机车厂被“甄审”裁掉的工人共计319名，占全厂工人的32%。这种对沦陷区的学生、职工歧视迫害的政策，遭到广大学生、职工的反对，在中共北平市委的领导下普遍掀起“反甄审”斗争。

10月25日 门头沟中英煤矿工人为要求增加工资罢工两天，斗争取得胜利。

11月23日 国民党财政部令中央印制厂总管理处，将北平厂雕刻机南迁。面临失业改行威胁的该厂工人向北平各机关、团体、社会呼吁，得到广泛同情。在工人群众和北平各界的坚决反对下，机器南迁暂停。

1946年

1月25日 平西中兴煤矿400多名工人在中共门头沟工委领导下举行要求年终双薪的罢工。罢工坚持两天，取得胜利。

3月 中共地下党在门头沟建立了7个支部，有党员90余名，工会组织也秘密恢复，有会员400多人。

4月4日—5日 燕京造纸厂连续分3批解雇工人42名。工人群众为抗议厂方无理解雇工人，全体罢工。8日，厂方被迫妥协，所有被解雇工人一律回厂工作，并照发解雇期内的工资。工人于9日复工。

4月21日 北平进步人士在中山公园音乐堂举行演讲会，揭露国民党国民大会代表选举的假民主性质。北平市总工会按照国民党市党部主任委员吴铸人的布置，组织暴徒到中山公园音乐堂对民主人士和进步群众大打出手。

4月24日 国民党控制的北平市总工会在国民党市党部开成立大会。

4月25日 在中共北平地下党平委的领导下，油盐店行业的店员工人利用酱祖祭日，向资本家提出实行实物工资，年终分红，不得随便解雇工人的要求，资本家被迫同意。

5月14日 为抗议国民党空军军官开枪打伤调车工人徐亚平，在中共北平地下党铁委的领导下，丰台火车站铁路工人举行罢工。国民党北平当局被迫接受赔偿损失、处分凶手、赔礼道歉、不采取报复行动等条件，罢工取得胜利。

8月22日 国民党北平市当局奉社会部命令，动员党、政府、军警和工会等各色机关共同组成工运指导委员会，目的是“为集中力量，统一工运领导，防止工潮发生并防制异党捣乱”。

10月 中共晋察冀中央局决定撤销中共北平市委，原来市委下属的各委员会直接归中共晋察冀中央局城市工作部领导，刘仁任城工部部长。

12月底 六必居酱园工人在中共地下党支部的领导下，为反对掌柜侵占工人收入，要求享受春节休假举行罢工，迫使掌柜答应工人的要求。

1947年

1月 北平面粉价格为每市斤800元，到12月为每市斤13833元，一年之内涨17倍。玉米面年初每市斤260元，年底达到5800元。其他的生活必需品价格也都普遍上涨。

2月16日 国民党政府发布《经济紧急措施方案》，禁止怠工、罢工。

2月 为抗议国民党政府发还英商股权，门头沟煤矿成立爱国护矿会，掀起护矿风潮，使英商麦边回收股权的幻想破灭。

4月下旬 国民党国防部联合后方勤务司令部平津被服厂的北平裁剪部、修理部和第一、第二、第四缝纫部2000多名工人，在该厂中共地下党支部的领导下举行罢工，抗议厂方拘捕毒打工人，并提出公开道歉、提高待遇、不得随意让工人加班加点等要求。罢工持续两天，厂方被迫接受工人的条件。

5月11日 北平市总工会在东单广场举行“工人清共委员会队员总检阅”，会后进行游行，在途中冲进北京大学，打伤学生多人。

5月20日 北平7000余名学生举行了“反饥饿”、“反内战”示威大游行（五二〇运动）。

6月2日 北平市总工会布置其所属各工会组织人员站岗放哨，防止工人罢工、学生罢课，并伙同国民党军警宪特阻挠、破坏进步的游行示威活动。

11月 北平浴池业工会向同业公会提出改善待遇的要求被拒绝后，工人痛打资本家代理人。警察借此扣押50余名工人，并移送法院审理。由于浴池业中共地下党支部领导工人坚决斗争，法院被迫裁决：增加工资提成，不在柜上的人员不得分小费。斗争取得胜利。

12 月　在中共北平市政工委领导下，七十兵工厂工人罢工，要求改善物质待遇。罢工使全厂生产一度陷于停顿。

1948 年

3 月　北平 20 多家报馆 800 多名工人罢工，使报纸暂时停刊，迫使当局答应工人改善生活、争取生存的要求。

4 月 3 日　平津铁路局电务段交换所的 60 多名话务员在中共北平市政工委领导下，为抗议警务段警察的欺侮举行罢工，迫使敌人惩办肇事者，警务段赔礼道歉，斗争取得胜利。

4 月 28 日　在中共北平市政工委的领导下，北平电信系统地下党支部发动争取合理“米贴”待遇的斗争（称为“六八斗”[①] 斗争）。

6 月　北平电信系统职工在“六八斗”斗争以后，进行了改选工会小组长的斗争。改选结果，161 名小组长，大部分由中共地下党党员和“六八斗”斗争的骨干担任。

7 月　石景山钢铁厂工人为要求工厂补发欠薪，发放面粉、煤等实物工资举行罢工，斗争取得胜利。

8 月 19 日　国民党政府从即日起实行“限价政策”和“币制改革”，大量发行金圆券，以 1∶300 万的比例，用金圆券取代已破产的法币。北平物价如脱缰野马，市民生活难以为继。

8 月　长辛店铁路工厂部分工人，为反对厂方扣压工人工资举行“饿工”斗争，取得胜利。

10 月 27 日　中共北平市政工委发动和组织北平电信系统 3000 多名职工进行“饿工”斗争，致使市内人工电话不通，长途电话中

① 所谓“六八斗”，就是六斗米和八斗米。

断，电报停收。在群众强大斗争的压力下，当局答应发救济金，按限价配给面粉、煤等基本条件，斗争取得胜利。在电信工人斗争胜利的影响下，北平电力、电车、自来水工人等纷纷起来进行“反饥饿”斗争，要求改善待遇。

10 月 平津被服厂工人为反对工厂南迁，进行抵制斗争，中共地下党提出“人不离机器，机器不离人”的斗争策略，粉碎了工厂南迁的阴谋。

11 月 1 日 驻北平的平汉铁路北段办事处职工 2000 多人举行“饿工”斗争，要求按期发工资、发煤、发粮，解决吃饭问题。当局怕引起事态发展，满足职工部分要求。

12 月 13 日 中共中央作出建立中共北平市委员会的决定。12 月 17 日，经中共中央批准的中共北平市委员会组成，彭真任书记，叶剑英兼军管会主任及市长。萧明任市委委员、市工人工作委员会（简称市工委）书记。

12 月 14 日 石景山发电厂建立护厂委员会，下设宣传、消防、救护、警卫等组织，制订护厂计划，保证工厂机器设备的安全。

同日 长辛店铁路工厂由解放军接管。工厂内汽笛齐鸣，4000 多名职工陆续走上工作岗位。

12 月 16 日 解放军全部占领石景山工厂区后，立即成立由厂方及技师、工会人员参加的管委会，实行共同管理的方针。首先，命令原有厂长、职员、工会、警察保护机器，安心生产；其次组织复工，解决工人生活问题，厂矿物资设备未受损坏。

12 月 17 日 石景山发电厂恢复发电。在华北“剿总”司令傅作义的默许下，与城内外电业职工取得联系后，修复由石景山发电厂到城内的 3.3 万伏高压线路，于 28 日开始向城内送电。

12 月 北平市内的电信局、电车公司、七十兵工厂、中印局北平分厂等企业在中共北平地下党的领导下成立护厂护局的纠察队或护厂队。工人们密切监视财务、器材等技术部门及厂长办公室、督察室等要害部门，防控敌人破坏企业。

本年 为了在解放后能顺利地进行接管，中共北平地下党发动各厂矿的地下党员和积极分子搞调查研究，收集情报，从本企业的厂房、设备、机构、人员、资金状况，到国民党特务和三青团、反动会道门的活动情况都详细掌握，有的还画了图纸。这些材料对围城部队了解市情厂情敌情，以及为后来的接管、镇压反革命都起到了积极作用。

1949年（1月—9月）

1月4日 解放军平津前线司令部通令嘉奖石景山矿区接管工作。新华社发布消息：北平外围接管工作良好，丰台镇所有铁路、工厂、仓库均完好无损，并已复工复业。

1月6日 中共北平市委在良乡召开准备进城接管的北平各区委书记和区长工作会议。彭真在讲话中要求，进城后每个区都必须花相当大的力量做工人工作。中共北平市委责成萧明主持北平市职工总会的筹建工作。

1月中旬 市工委在良乡举办为期半个月的职工训练班，开始做进城后筹建北平市职工总会的组织准备。

1月下旬 市工委进驻平郊青龙桥村，中共北平市委与全国总工会及有关部门一起拟定出北平市职工总会筹备委员会的组织和工作大纲，并会同市委组织部门落实进城后派至各较大厂矿企业和各区的39个工作组。

1月31日 北平和平解放。萧明率领部分市工委干部由青龙桥出发进入北平，迅速在19个主要企业和20个区开展工作，协助政府接管企业，组织工人恢复生产，选拔和培养工会积极分子，建立工会筹备委员会。

2月2日 市军管会发布公告，宣布人民币为本市的本位币，废除伪金圆券，限20天内向中国人民银行兑换完毕，并规定对工人、学生、独立劳动者、工厂职员、学校教职员、城市贫民按优待比价兑换一定数量的伪金圆券，取缔金银、外币黑市交易。

2月3日 中国人民解放军举行入城仪式，受到北平职工和广大市民的热烈欢迎。

2月7日 全市工人二七纪念大会在东单广场举行。由长辛店铁路职工会筹委会、门头沟矿工会筹委会、北平市自来水公司联谊会筹委会等30多个职工团体发起，成立北平市职工总会筹备委员会（简称市职工总会筹委会），推举萧明等21人为筹备委员会委员。

2月10日 市职工总会筹委会召开第一次全体委员会议。彭真出席大会并讲话，号召全市职工“团结自己，战胜敌人，建设生产”。会上选举萧明、杨宝嵩等11人为常务委员，萧明为主任委员、杨宝嵩为副主任委员。市职工总会筹委会会址设在东交民巷26号旧井陉煤矿公司大楼。

2月23日 为避免工人生活受物价波动影响，市职工总会筹委会和各厂矿配合市合作总社陆续成立工人消费合作社，对粮食等生活必需品实行配售。参加合作社的职工都享受低于市价12.24%至38.8%的购物待遇。

2月底 本市的33个公营企业中，绝大部分已建立起工会筹委会，至4月底全部正式成立工会。

3月9日 市电车公司职工提出修好百辆电车，向北平解放后的第一个“五一”国际劳动节献礼。4月19日完成了这项任务。

3月 市职工总会筹委会第一期职工训练班开班，一些领导同志和著名学者到训练班讲课。此后又举办了三期。训练班从学员中发展一批中共党员，其中许多人后来成为北京市总工会和厂矿企业的干部。

4月16日 中共北平市委发出《关于北平市目前中心工作的决定》，指出：恢复、改造与发展生产是北平党政军民目前共同的中心任务，其他一切工作都应该围绕着这一中心任务来进行，并服从于这一任务。

4月17日 中共北平市委作出《关于生产与工会工作的初步计划》，规定：公营企业必须迅速订出一年生产计划；调整机构、人事与职薪；清除束缚工人生产积极性的障碍；吸收进步的工人与技术专家充实工厂的领导，健全或建立工厂管理委员会；保障和改良工人生活福利事业；加强工厂保卫工作。私营企业应使工人与资本家真正了解党“发展生产，劳资两利”的政策，而一切劳资关系的解决应经过总工会并报劳动局批准。

4月25日 市电车公司南厂发生火灾，烧毁电车59辆、厂房104间。周恩来亲到现场了解情况。工人们提出，再修好百辆车，迎接十月革命节。

4月27日 北平市民政局成立劳动大队，组织失业工人和贫民从事生产劳动。

5月1日 全市各企业、机关职工代表举行大会，纪念解放后第一个“五一”国际劳动节。

5月23日 市总工会筹委会派出7个小组，协助各公营工厂建立工厂管理委员会。

5月 “北平市职工总会筹备委员会”更名为“北平市总工会筹备委员会”（简称市总工会筹委会）。中共北平市委批准各区的工作组改为市总工会筹委会各区办事处。

同月 市总工会筹委会根据中共北平市委和全国总工会的指示，决定通过一行一业订立集体合同的方式，统一解决劳资纠纷，并结合这一工作，组织一行一业的工会。

6月底—7月初 中共北平市委将全市各工厂、学校党的组织全部公开。通过公布党员名单，邀集工人或学生群众参加支部大会并在会上讨论支部与党员的工作，加强了党与群众的联系。

7月30日 市国药业劳资双方集体合同签字，这是本市第一个按行业签订的集体合同。此后，北平市建筑、染织、机制面粉和门头沟、城子小煤窑等行业都签订了劳资集体合同。

同日 中共北平市委决定在市总工会筹委会内建立党组，萧明任党组书记，刘莱夫、张鸿舜任副书记。

7月 市总工会筹委会与中共北平市委青年工作委员会、市教育局、市民主妇女联合会筹委会、市中小学教职员联合会共同组成暑期工人教育委员会，从各大中学校动员266名新民主主义青年团员和进步学生到18家公营工厂和11个区开展教育工作，参加学习的职工达12000人。

8月30日 萧明在市总工会筹委会扩大干部会上传达全国工会工作会议精神，要求工会干部认真学习全国工会工作会议文件，克服工会组织的关门主义，防止形式主义，保证一年左右把全市工人组织起来。

9月27日 中国人民政治协商会议决议：中华人民共和国定都于北平，即日起北平改为北京。“北平市总工会筹备委员会”随即改称“北京市总工会筹备委员会”。

社会主义革命和建设时期

1949年（10月—12月）

10月1日　首都30万人齐集天安门广场，庆祝中华人民共和国成立。中共中央主席、中央人民政府主席毛泽东宣告中央人民政府成立，中华民族进入历史新纪元。

10月1日—3日　由首都工人组织的宣传队和宣传车进行大规模的街头游行和宣传活动。

10月　市总工会筹委会在举办职工训练班的基础上开办职工学校，校址设在国子监。

11月20日—22日　市第二届第一次各界人民代表会议召开。会议作出开办业余补习学校的决议。决定在本市创办正规的业余学校，业余学校颁发的证书与正规学校有同等效力。同时决定各厂矿或机关可以单独或联合设置职工业余学校。此后，石景山钢铁厂、石景山发电厂、北京矿务局、北京电业局、北京二七机车厂、丰台桥梁厂、北京被服厂（3501工厂）、国营541工厂等较大厂矿均成立职工业余学校、工人夜校。

1950年

1月6日　北京市军管会颁布收回在京外国兵营的布告。14日、16日，军管会分别接收了美国、法国、荷兰等国家在北京的地产，其中包括法国兵营三十三亩六分四厘，并征用了该地面上的兵营和其他建筑物。

1月底—2月初　市总工会筹委会陆续迁至东交民巷台基厂三条1号（后改为3号）原法国兵营旧址办公。

2月2日—6日　北京市首届工人代表大会在中山公园中山堂召开，出席大会的代表470人，含特邀代表40人。中央人民政府副主席朱德、全国总工会副主席李立三、北京市副市长张友渔先后到会讲话。市总工会筹委会主任萧明在会上作《北京市总工会筹委会过去一年来工作总结》和《北京市今后工会工作任务》两个报告。中共北京市委书记彭真在会上讲话，提出："工会当前的中心任务第一是生产，第二是生产，第三还是生产。"大会讨论通过《北京市总工会章程》，选出市总工会执行委员会和经费监察委员会，正式成立北京市总工会（简称市总工会）。在市总工会一届一次执委会议上，选举产生常务委员21人；选举彭真为市总工会主席，刘仁为第一副主席，萧明为第二副主席，刘莱夫为第三副主席，张鸿舜为第四副主席。经费监察委员会选举杨宝嵩为主席。

2月　市总工会搬运工作委员会和市公安局成立搬运工反对封建把头领导小组，开展搬运行业"反把"的斗争。

4月28日　北京市人民政府（简称市政府）劳资争议仲裁委员会成立。

4月30日　北京市劳动人民文化宫举行开幕式。毛泽东为文化宫题写匾额。

5月1日　由市总工会文教部编辑出版的工人读物《北京工人》创刊（1951年11月停刊）。

5月中旬　京西煤矿公司所属5个煤矿掀起反封建把头斗争。

5月31日　市公共汽车公司修理厂副厂长朱临带领工人，将烧木炭汽车改为烧煤，"五一式"煤气车试制成功。第一批改装的21辆煤气车即日投入运营。

6月29日　中央人民政府颁布《中华人民共和国工会法》。市总工会布置基层工会组织职工学习和讨论。

7月5日 北京市救济失业工人捐款工作结束，共收到二十亿三千多万元（旧币）。全国总工会拨给市总工会半数，救济本市失业工人。

7月20日—22日 市首届教育工作者工会代表大会召开，正式成立北京市教育工作者工会。会议选举钱俊升为主席。8月，中国教育工会第一次全国代表大会以后，北京市教育工作者工会更名为北京市教育工会，全称为中国教育工会北京市委员会。

7月22日 北京失业工人救济委员会成立。

9月25日—10月2日 全国战斗英雄代表会议和全国工农兵劳动模范代表会议在京召开。本市选出侯德原、刘德珍、李书和、李金泉4位劳动模范代表参加。

10月上旬 应朝鲜党和政府的请求，中共中央作出抗美援朝、保家卫国的战略决策。10月19日，中国人民志愿军入朝作战。在中共北京市委的领导下，市总工会发动组织职工群众热烈响应中共中央的号召，与全国人民一道，投入抗美援朝、保家卫国的正义斗争中。

11月4日 市总工会召集基层工会主席、宣传委员和各区工会办事处副主任联席会议，布置抗美援朝运动中的职工思想教育、爱国主义劳动竞赛、防奸防特和发动群众报名参加志愿军等项工作。

12月19日 市政府发出布告，取缔反革命反人民的封建迷信组织一贯道。市公安局逮捕一贯道道首。各级工会组织发动职工群众，配合政府，打击一贯道。

1951年

1月17日 市总工会响应东北马恒昌先进小组向全国工人挑战

的爱国主义竞赛5项条件，号召全市各级工会和广大职工向马恒昌小组应战。全市职工迅速掀起爱国主义竞赛运动，两个月内有1008个小组应战。

2月23日 政务院通过《中华人民共和国劳动保险条例》。3月5日，市总工会召开扩大干部会，研究在职工中开展广泛宣传，举办劳动保险训练班，建立基层工会劳动保险委员会等项工作。

5月—6月 市总工会根据全国总工会关于建立一批产业工会的要求，建立了市政、邮电、纺织、食品工业、建筑、新闻出版印刷等6个产业工会筹委会或工作委员会，加上以前建立的铁路、煤矿、教育、医务、搬运、轻工、店员、财政金融等产业工会，共建立14个产业工会。

7月9日 中共北京市委成立由市总工会、市劳动局、市建设局负责人组成的建筑业反封建把头委员会。

8月13日 颐和园工人休养所成立，开始接待休养员。

8月 市政府部署扫除文盲工作，争取用3年左右的时间，扫除全市文盲，使职工中的文盲、半文盲达到能认2000字左右，能阅读一般通俗读物和具有初步的写作能力。各厂矿、企业按市识字运动委员会的安排，分别成立识字运动委员会，加强领导，开办速成识字班。年底，参加扫盲的工人达到6万多人。

10月2日 首都妇女1300余人在东单广场举行大会，祝贺本市第一批6名女电车司机正式行车。

11月1日 北京市建筑工人和技术人员在劳动人民文化宫举行大会，控诉建筑业10名罪大恶极的封建把头，把建筑业“反把”斗争推向高潮。

12月28日—30日 市第三届各界人民代表会议第三次会议召开。彭真作报告，号召全市人民检举贪污分子。会议通过关于在全市进一步开展增产节约和反对贪污、反对浪费、反对官僚主义（简称“三反”）运动的决议。

1952年

1月15日 市总工会召开全市店员代表大会，号召全市店员消除顾虑，检举奸商，积极参加反行贿、反偷税漏税、反盗窃国家财产、反偷工减料和反盗窃经济情报的“五反”斗争。

3月8日 北京市第一批公共汽车女司机上车工作。

4月 根据“五反”后基层情况，为加强对私营企业工会的领导，市总工会决定撤销区工会办事处，按区召开工会会员代表大会，正式选举成立区工会。

6月12日—13日 市总工会召开执委扩大会布置下半年工作计划，主要内容是，在“三反”、“五反”运动胜利的基础上开展增产节约竞赛运动，保证完成全年增产节约计划。

6月 市总工会北戴河工人休养所成立。

9月1日 石景山剧场开幕。这是市政府在首都工矿区建立的第一个剧场。

9月4日 市总工会制定《北京市开展职工识字运动逐步扫除文盲的初步计划（草案）》。

10月25日—26日 北京市首届工人体育运动会举行。

1953年

2月6日、7日 北京市1952年劳动模范代表大会举行。出席大会的劳模代表共521人。

2月 市总工会举办东北五三工厂经验训练班。各大厂矿企业党、政、工干部597人参加。

6月 全市国营、地方国营厂矿和基本建设工地针对部分职工劳动纪律松懈问题，进行巩固劳动纪律的教育。

7月25日 市总工会主办的北京市先进生产经验展览会在劳动人民文化宫开幕。

8月5日 市总工会召开国营、地方国营厂矿企业基层工会干部会议，布置进一步开展劳动竞赛。会议要求各基层工会在竞赛中做到：向广大职工进行经常性的关于社会主义劳动竞赛意义和原则的教育；坚持以完成国家生产计划，解决企业管理的中心问题为竞赛的内容；针对生产关键召开生产会议，推广先进经验；加强工会小组工作。

11月15日—20日 市总工会要求各厂矿企业工会向职工广泛深入地宣传党在过渡时期总路线，90%以上的职工听到传达报告。

1954年

1月13日 市第一建筑公司胡耀林和17名团员一起在苏联展览馆（今北京展览馆）工地建立全国第一支青年突击队——胡耀林青年突击队。

2月23日 《北京日报》报道：自1950年以来，本市职工教育已扫除文盲35000多人，全市产业工人中的文盲大约已扫除三分之一，干部和技术工人中基本上扫除了文盲。

4月11日 鞍山市特等劳动模范王崇伦在中山公园与首都青年工人会谈。

5月29日 北京市第二届工人体育运动会开幕。

9月21日 首都职工和各界人民参加盛大游行，热烈庆祝第一届全国人民代表大会第一次会议通过《中华人民共和国宪法》。

10月2日 市总工会召开全市国营和地方国营厂矿企业工会干部会议，动员职工参加厂际劳动竞赛。至11月底，全市有128个企业参加这一活动。

10月8日 市政府决定，在城内各区普遍建立街道办事处和居民委员会。街道办事处的辖区一般应与公安派出所的辖区相同。机关、学校和较大的工厂、企业单位一般不参加居民委员会，但应派代表参加其会议，遵守其决议和公约等。

1955年

3月5日 市总工会决定，根据中国工会第七次代表大会通过的《中华人民共和国工会章程》，自1955年3月10日起，"北京市总工会"更名为"北京市工会联合会"（简称市工会联合会）。

4月18日—22日 北京市工会第二次代表大会在中山公园中山堂举行。出席大会的代表532人，代表着全市56万名工会会员和80万名职工。中华全国总工会书记处书记刘子久、北京市副市长贾庭三等到会祝贺并讲话。市工会联合会常务委员李晨作《关于加强工会建设，密切联系群众，更好地发挥工会组织的作用》的报告；市工会联合会常务委员彭思明作《关于加强私营企业中工会工作，贯彻社会主义改造的方针》的报告。中共北京市委第二书记刘仁出席闭幕式并发表讲话。大会选举产生市工会联合会第二届委员会和经费审查委员会。在市工会联合会二届一次委员会议上，选举产生常务委员11人；选举萧明为市工会联合会主席，王炯为第一副主席，彭思明为第二副主席，李晨为第三副主席。经费审查委员会选举郑克峰为主席。

7月15日 市工会联合会二届二次委员会讨论通过《关于开展群众性的厉行节约、反对浪费运动的决议》；一致同意萧明因病辞去市工会联合会主席职务；选举王炯为市工会联合会主席，彭思明为第一副主席，李晨为第二副主席。

9月 市总工会职工学校改建为市总工会干部学校，校址在南城陶然亭路。

10月20日 为了推动厉行节约、反对浪费运动的深入发展，市工会联合会决定在本市厂矿企业中逐步推行班组经济核算。

11月30日 市工会联合会常委会讨论制订工会支援农业合作化计划。

12月1日 北京市工人疗养院成立。

12月2日 中共北京市委成立资本主义工商业改造5人小组。市工会联合会副主席彭思明为小组成员。

12月20日 市工会联合会召开公私合营和私营企业工会干部会议，布置全行业公私合营中的工会工作。

1956年

1月1日 北京市职工1.2万多人在劳动人民文化宫举行联欢大会，庆祝全市资本主义工商业社会主义改造工作进入新阶段。

1月2日 北京市工人俱乐部建成。

1月6日 中共北京市委召开的知识分子问题会议结束。会议讨论了中共中央《关于知识分子问题的指示（草案）》和中共北京市委常委蒋南翔所作的《关于知识分子工作的报告》，着重解决充分发挥知识分子的作用，大力培养新的专家，加强党对知识分子和科学、文化、技术工作的领导等问题。

1月10日 北京市人民委员会（简称市人委）召开资本主义工商业公私合营大会，宣布本市35个工业行业的3990家工厂（包括4—9人的小工厂）和42个商业行业的13973户坐商，共计17963户，全部实行公私合营。

1月12日 北京市手工业者全部实现合作化。

1月15日 北京市公私合营企业的工人、店员、资本家、手工业生产合作社社员、郊区农民代表等20多万人在天安门广场举行庆祝社会主义改造胜利联欢大会，庆祝北京市农业、手工业全部合作化，并在全国第一个实现工商业的全行业公私合营。毛泽东等党和国家领导人参加大会。彭真在庆祝会上宣布："首都已进入了社会主义社会。"

1月18日 市工会联合会二届三次委员会召开，讨论通过《关于响应党的增产节约号召，继续开展先进生产者运动的决议》。

2月3日—4日 1955年度北京市劳动模范及先进集体代表会议举行。出席会议的代表1056人。

3月31日 全市先进生产者代表会议召开，到会代表1354人。会议动员本市职工广泛开展先进生产者运动。

4月30日 全国先进生产者代表会议在北京召开。由先进生产者和干部52人组成的北京代表团参加会议。

5月12日—13日 北京市第三届工人体育运动会举行。

6月23日 北京市开始进行职工评级升级工作。

6月28日 市工会联合会召开群众工资工作经验交流会。

10月7日 市工会联合会与市科协联合召开北京市科学技术普及工作积极分子大会，号召广大职工努力向科学进军，科学技术工作者做好科学普及工作。

10 月 14 日—22 日　市工会联合会在劳动人民文化宫举办工会积极分子活动周。参加活动的工会积极分子、工会专职干部、职工和家属 26 万多人次。

本年　北京市根据国家统一部署进行企业工资改革，在提高工资水平的基础上，各行各业由政府统一规定了不同的工资等级制度。

1957 年

5 月 15 日　针对职工中罢工、请愿不断增加的情况，市工会联合会发出《关于及时报告职工罢工、请愿事件的通知》。

6 月 8 日　中共中央发出《关于组织力量准备反击右派分子进攻的指示》,《人民日报》发表题为《这是为什么？》的社论。16 日，市工会联合会召开反右座谈会，布置反击右派的工作。至 1958 年夏季，反右派斗争基本结束。在反右期间，市总工会一些同志被错划为右派。

8 月 25 日—9 月 2 日　北京市 1957 年工会积极分子活动周在劳动人民文化宫举行，7.4 万多人参加了各种活动项目。

8 月 27 日—31 日　北京市工会第三次代表大会在中山公园中山堂举行。出席大会的代表 350 人，代表着北京市 73.6 万名工会会员和 108 万名职工。全国总工会主席赖若愚出席大会并讲话。市工会联合会主席王炯作《两年工作报告》。大会选举产生市工会联合会第三届委员会和经费审查委员会。在市工会联合会三届一次委员会议上，选举产生常务委员 12 人；选举王炯为市工会联合会主席，彭思明、祖田工、鲁恒为副主席。经费审查委员会选举郑克峰为主席。

1958年

2月5日　天桥百货商场向全市商业职工发出《改革商业工作倡议书》。全市商业部门掀起以改善服务态度、提高服务质量为中心的“学天桥、赶天桥”红旗竞赛运动。

2月　北京市评选出1957年劳动模范824人、先进集体235个。

4月2日　中共中央批转中共北京市委关于天桥百货商场改革商业工作的报告。天桥百货商场成为全市财贸战线的先进典型。

5月26日—8月5日　全国总工会党组第三次扩大会议召开。会议对赖若愚等进行了错误的批判，要求全国各级工会组织继续开展整风运动，拔白旗、肃影响。北京市的工会工作因此遭受重大挫折。

5月　市总工会在全市职工中开展党的鼓足干劲，力争上游，多快好省地建设社会主义总路线的宣传教育。

6月1日　北京市厂矿企业先进生产者和先进集体代表会议召开。

7月1日　北京市工业跃进汇报展览会开幕。市工会联合会在劳动人民文化宫举办“北京工人向技术、文化革命进军游园大会”。

8月11日　市建筑工会召开建筑、市政企业多面手积极分子广播大会。张百发钢筋青年突击队和李瑞环木工青年突击队的代表在会上介绍经验。

8月中下旬　中共北京市委在天坛公园连续召开各行各业的跃进誓师大会（通称“天坛大会”），主要有农业大跃进誓师大会、建筑企业跃进誓师大会、工业交通运输业跃进誓师大会、财贸系统评比跃进誓师大会等。在这些大会上，各系统、各部门提出不少无法实现的指标，讲了许多大话和空话，使全市的浮夸风更加膨胀起来。

8月　为了争取全国完成1070万吨钢的任务，北京各行各业、各个部门都展开了声势浩大的以钢为纲“大跃进”运动。许多机关、学校、工厂、商店、公社和居民院内都开展了“小、土、群”（小型、土法、群众炼钢），日夜奋战。这场全民炼钢运动，造成人力、物力极大浪费。

9月22日—11月10日　市工会联合会党组扩大会议召开。会议传达贯彻全国总工会党组第三次扩大会议对赖若愚等进行的错误批判，要求各级工会组织继续开展整风运动。会上对一些同志作了不公正的处理。

12月11日　中共中央转发全国总工会《关于县级工会处理的意见》。《意见》提出，县工会将首先随着人民公社的健全、完善而自然消亡。

12月26日　市工会联合会常委会决定：根据全国总工会八届二次执委会议关于省、市、自治区地方工会更名为省、市、自治区总工会的决定，自1959年1月1日起，将“北京市工会联合会”更名为“北京市总工会”。

12月　北京市教育工会为丰富西北郊各院校教职工文化生活，在五道口兴建的以影剧院为主要阵地的俱乐部落成并举行开幕演出。1959年3月定名为五道口工人俱乐部。1963年7月1日由北京市总工会接管。

1959年

1月21日　受“工会消亡”论的影响，市总工会组织干部调查研究人民公社化实现后工会组织的存亡问题，并于3月下旬向中共北京市委提出《关于郊区工会组织问题的意见》。在此期间，市总工会机关及产业工会、直属工会的工作人员大幅度削减。

3月2日—3日 市总工会和全国总工会共同在琉璃河水泥厂召开大搞群众运动、解决职工生活问题现场会议。

3月28日 北京市工业、交通红旗竞赛大会召开。会议号召全市职工开展高产量、高质量、高效率的“三高”竞赛运动。

6月13日—14日 北京市第四届工人体育运动会举行。

8月—9月 为迎接新中国成立10周年而兴建的首都十大建筑：人民大会堂、中国革命历史博物馆、中国人民革命军事博物馆、中国农业展览馆、民族文化宫、北京工人体育场、北京火车站、民族饭店、华侨大厦、钓鱼台国宾馆陆续竣工。

9月24日 天安门广场扩建工程竣工，面积由原来的11万平方米扩大为40万平方米。

10月24日 中共北京市委召开全市建筑、市政企业工人队长、组长8000多人参加的经验交流大会，张百发青年突击队在会上介绍高速度施工的经验。

10月26日—11月8日 中共中央、国务院在北京召开全国工业、交通运输、基本建设、财贸方面社会主义建设先进集体和先进生产者代表会议（即“群英会”）。大会代表6576人，其中北京市代表207人。会议期间，刘少奇、周恩来、朱德等党和国家领导人接见全国群英会代表。他们中间有倪志福、张百发、张秉贵、时传祥、罗淑珍、刘光金、胡四辈、韩茶仙、陈发、桂育鹏、戴凤臣、袁志平、李九德、赵占玺等北京市评选出的全国劳动模范。

10月29日 由900多人组成的首都职工报喜队高举着数百面红旗和许多报喜牌，敲锣打鼓，到人民大会堂向群英会报喜。罗淑珍代表北京市全体职工向大会宣读喜报信。

12月2日 市总工会与市工业、交通、财贸等局共同举办的北京市技术革命、技术革新展览会开幕。

1960年

1月 北京市石景山钢铁公司等25个厂矿企业建立了从小学到大学的一整套业余教育体系。

2月9日—12日 1959年度北京市工业、交通运输、基本建设、财贸方面社会主义建设先进集体和先进生产者代表大会召开。

2月26日—29日 1959年度北京市文教、卫生、体育、新闻、出版等方面的社会主义建设先进单位和先进工作者代表大会召开。

3月15日 根据中共北京市委、全国总工会的指示，市总工会开始在广大职工中进行以进一步树立工人阶级的共产主义世界观、克服资产阶级思想影响为目标的社会主义和共产主义教育。

6月1日 中共中央、国务院召开全国教育和文化、卫生、体育、新闻方面社会主义建设先进单位和先进工作者代表会议（即“文教群英会”）。出席大会的代表共5806人，其中北京市的先进单位代表、先进工作者代表、特邀代表184人。党和国家领导人刘少奇、周恩来、朱德、宋庆龄、董必武、邓小平、彭真等出席大会的开幕式。在北京市推选出席全国文教群英会的代表中，有长期从事高等教育和科学研究工作的专家、教授，有辛勤耕耘在中小学普通教育和业余教育园地中的教师，有为婴幼儿健康成长付出毕生心血的保育员，有发扬革命人道主义精神为群众治疗疾病的医生、护士，有在文化领域取得突出成就的作家、演员、放映员、图书馆员，还有体育和新闻工作者等。6月13日，中共北京市委领导接见北京出席全国文教群英会的全体代表。

6月—12月 全市职工响应党中央号召，积极投入以“节粮”、

“炼钢”为中心的全民增产节约运动。

7月30日 中共北京市委同意并经中央批准决定，饮食业实行凭粮票供应的办法。

12月24日 市总工会召集各部门负责人会议，传达中共北京市委对当前工作的紧急指示：一要做好食堂工作，分量足，吃饱吃好；二要搞好代食品，并总结经验；三要贯彻劳逸结合，不加班加点，安排好生产；四要检查职工物质和文化生活。

1961年

2月20日 北京工人体育馆建成。

7月11日 市总工会常委会向中共北京市委作出《当前部分职工的思想动态的报告》，反映部分职工中存在的思想问题。主要有：对当前的大好形势认识不清，缺乏长期艰苦奋斗的思想准备，紧张情绪又有些抬头；排队抢购，缺乏承担困难的自觉性；逃避困难，干劲不足，投机倒把等。

7月31日 市总工会党组根据在京棉一厂、兴平机械厂、市第四建筑公司等单位的调查，向中共北京市委作出《关于工厂企业精简职工队伍的主要经验报告》。《报告》总结的主要经验是：加强调查研究，真正做到情况明、决心大、方法对；进行深入细致的思想教育工作，使新工人自觉地、愉快地离厂回乡；妥善安排还乡工人的生活，解决他们的实际困难，热情欢送，负责到底；生产、精简两不误，通过精简促进生产。

9月8日 市总工会召开三届六次委员会，通过补选，王瑛璞、王骥、宋仲元为市总工会副主席。

11月16日 市总工会向中共北京市委作出《今年厂矿企业大

搞农副业生产的情况、问题和我们的意见》的报告。报告肯定各厂矿企业自力更生组织农副业生产，大抓职工生活的成果，并指出存在的问题。

11月　市总工会下发通知，对穿不上棉衣的职工给予棉花、棉布补助，保证职工及其家属温暖过冬。

12月15日—16日　市总工会在工人体育场召开工业系统先进生产者座谈会。韩茶仙等21位全国和市的先进生产者在会上介绍本单位和自己的先进事迹和经验。

1962年

2月　市总工会在工人中进行中国近代史教育的试点工作。

6月　市总工会召开三届七次委员会议向各级工会组织提出要求：在党的领导下切实加强工会同职工群众的联系，认真贯彻党的群众路线，把群众的积极性更进一步地调动起来。

8月　据中共北京市委精简小组统计，本市1月至8月共精简职工207600人，其中回农村的141300人。从1961年到1962年的两年内，全市有40多万名干部职工精简还乡生产，或退职到街道自谋生计，为国家分担了困难。

9月7日　中共北京市委发出《关于在工矿企业职工中进行社会主义教育的通知》。

12月24日—29日　北京市工会第四次代表大会在北京工人体育场召开。出席大会的代表420人，列席代表353人，代表着北京市97万名工会会员和148万名职工。全国总工会副主席刘长胜出席开幕式并讲话。彭思明向大会作《团结全市职工，深入贯彻党的八届十中全会精神，扎扎实实地开展增产节约运动，争取首都社会主义建设的新胜利》的工作报告。大会选举产生市总工会第四届委员会和经费审查委员会。市总工会四届一次委员会议上，选举产生常务委员 7 人；选举彭思明为市总工会主席，王瑛璞、王骥、宋仲元、曹宪波为副主席。经费审查委员会选举郑克峰为主席。

1963 年

2 月 7 日 市总工会召开纪念二七大罢工 40 周年大会。参加大会的 1000 多位代表一致表示要发扬二七革命精神，努力增产节约。

3 月 2 日 《中国青年》发表毛泽东“向雷锋同志学习”的题词。北京市工会系统和各行各业职工迅速掀起学习雷锋的群众运动。

3 月 3 日 市总工会与市劳动局联合发出《关于试行全总、劳动部〈国营企业内部劳动规则纲要〉的通知》。

3 月 24 日 《人民日报》发表“一厘钱”精神的通讯，介绍北京墨水厂、北京市制药二厂、北京火柴厂等企业或者为了节省一厘钱，或者为了利用一分钟，或者为了减少一根火柴废支，所作的种种努力和体现出来的崇高精神。同时发表题为“一本大账”的社论，指出用“一厘钱”精神“进行增产节约，就一定能够为国家积累更多的财富，使我国的社会主义建设事业更好地向前发展”。

5 月 10 日 市总工会召开四届二次委员会议，讨论深入发动职工开展以“五好”（“五好”职工的条件是：政治思想好，生产好，执行制度和学习技术业务好，团结互助好，生活安排好。“五好”集体的条件是：思想政治工作好，生产任务完成好，企业管理和群众路线好，政治、文化、技术业务学习组织好，生活管理好）为目标的社会主义劳动竞赛运动，促进生产新高涨的问题。

11 月 市总工会在职工中掀起比、学、赶、帮热潮。据不完全统计，本市派往上海等地学习的职工，学习到先进经验 1800 多项。回京后，他们积极改进生产技术，使劳动效率提高，原材料消耗降低。

1964 年

1 月 市总工会积极贯彻执行中共北京市委关于普遍开展“学大庆、赶大庆”运动的决定。全市厂矿企业掀起“学大庆、赶大庆”的热潮。

3 月 20 日—4 月 4 日 市总工会召开全市工会工作会议，传达中央对工会工作的指示，讨论学习解放军和学大庆的经验，着重研究工会工作进一步革命化和群众化的问题。

4 月 12 日 北京市职工群众技术协作委员会成立大会召开。大会选举出倪志福、郑恩洪、李昌安、桂育鹏等 18 名委员。

9 月 2 日—12 日 北京市工业、交通运输、基本建设和财贸方面“五好”集体、“五好”职工代表大会召开，大会通过向全市职工的倡议书。

10 月 2 日 北京市第五届工人体育运动会举行。

11 月 1 日 北京市技术协作积极分子会议召开。

1965 年

3 月 26 日—4 月 8 日 市总工会召开工会工作会议。会议制定了全市工会工作的主要任务：高举毛泽东思想红旗，以阶级斗争为纲，以生产建设为中心，抓革命，促生产；发动群众参加社会主义教育运动；深入开展以“五好”为目标的比、学、赶、帮增产节约活动，促进生产高潮，保证完成和超额完成本年的国家计划。

6月10日 中共北京市委发出通知，号召全市商业单位和商业人员学习“背篓商店”为人民服务的精神。“背篓商店”是房山县周口店供销社的一个供销店，有6名职工，他们在门店经理王砚香的带动下，常年身背篓子，翻山越岭送货上山下乡，零售商品，收购山货农副产品，深受当地群众欢迎。

7月1日 《北京日报》刊登题为《山区的铁脚板——任成水》的文章，介绍北京劳动模范、房山县邮电局河北镇支局乡邮递员任成水的先进事迹，并发表《随时随地用共产党员标准严格要求自己》的社论。

8月26日 《北京日报》报道：一年多来，北京市职工群众技术协作活动以厂内为基础，厂内厂际相结合，广泛展开。活动范围由机械行业逐步发展到各行各业；活动内容由围攻“老大难”问题发展到开展群众性科学研究和有组织地推广先进经验、新技术、新工艺。

12月17日 中共北京市委、市人委、北京卫戍区授予石景山发电厂民兵团“首都红旗民兵团”称号，号召首都全体民兵学习石景山发电厂民兵团的先进经验，加强战备工作，努力发展生产。

1966年

1月2日 在商业部举行的授奖仪式上，天桥百货商场获“全国商业系统服务标兵”称号。

2月3日 中共北京市委批发市总工会党组《关于北京市职工业余教育工作的情况和今后改进意见的报告》。

2 月 20 日 中共中央工交政治部和中共北京市委联合举行报告会，邀请全国劳动模范、大庆“铁人”王进喜作报告。中央机关和本市各系统干部、职工 1000 多人参加会议。

4 月 全国总工会执委会和省、市、自治区工会主席会议强调，要把工会办成活学活用毛泽东思想的大学校。

6 月 9 日 全国总工会发出《关于工会各级组织高举毛泽东思想伟大红旗积极参加社会主义文化大革命的通知》，要求各级工会把“文化大革命”放在一切工作的首位。6 月 15 日，全国总工会派工作组进驻市总工会。

12 月 26 日 中央“文革”小组江青支持以临时工、合同工为主要成员的“全国红色劳动者造反团”（简称“全红总”）查封全国总工会机关，并胁迫全国总工会、劳动部负责人与“全红总”签署“联合通告”。1967 年 2 月 17 日，中共中央、国务院宣布这个“联合通告”是非法的，应予取消，同时指出“全红总”及其各地分团应当撤销。

1967 年

1 月 29 日 中共北京市委公布国务院通知，为执行“抓革命、促生产”的方针，决定 1967 年春节不放假；职工探亲假在“文化大革命”期间暂停执行。

3 月 22 日 北京市革命职工代表会议（简称市工代会）在人民大会堂召开。会议宣布，市工代会是全市革命职工组织的最高权力机构。其地位取代了北京市总工会。

4 月 20 日 北京市革命委员会（简称市革委会）成立。市工代会刘锡昌等部分核心组成员成为市革委会常务委员。

本年　本市工商企业内的管理机构大部分瘫痪，群众组织林立，生产经营混乱，武斗成风。琉璃河水泥厂、北京第二毛纺厂、北京百货大楼、西单商场等单位都先后发生大规模武斗，小的武斗冲突更为普遍。

1968 年

5 月 16 日　市工代会核心组开会决定：接管原市总工会人事档案；原市总工会经费交财政局，劳保业务交劳动局，退休人员工作交民政局。

6 月 5 日　市工代会正式向市革委会递交《关于接管旧市总工会的请示报告》。9 月 18 日，市工代会宣布接管原市总工会，废除原市总工会及其所属各级工会一切印章，同时改用市工代会及所属各级工代会印章。

7 月 27 日　工人农民毛泽东思想宣传队开始进驻清华大学等 59 所北京的大专院校。

9 月　原市总工会机关工作人员被集中到北京市委党校，按军事化编制，由军宣队、工宣队共管，搞所谓“清理反革命”。

12 月 16 日　市工代会发出《关于撤销旧市总工会“技协”组织的通知》，要求该组织停止一切活动，全体人员遣散回原单位。

1969 年

4 月 22 日　市工代会接管原市总工会事宜告一段落。除财务事项已先期接管外，共接管房子 11 所、200 多间，家具 4046 件，汽车 4 辆及其他物资。

6 月下旬 原市总工会大部分机关干部分三批下放到区县农村，接受劳动监督改造。1970 年秋至 1973 年春，下放干部分三批陆续返城，被分配到基层厂矿企业、学校。

11 月 9 日 市革委会决定，将市区 30% 的医务人员，下放到甘肃、宁夏等地区（1970 年上半年将 20% 的医务人员下放到农村插队）。

11 月 25 日 按照市革委会指示，市工代会核心组决定，全体委员一律回原单位参加劳动。此后的近两年中，市工代会处于半解体状态。

1970 年

6 月 27 日 中共中央批转《北京大学、清华大学关于招生（试点）的请示报告》。在停止招生和停课 4 年之后，北京部分高等学校开始招生复课。在招生办法上，规定废除考试制度，实行群众推荐，领导批准和学校复审相结合的办法，招收工农兵学员。

1971 年

11 月 30 日 国务院发布《关于调整部分工人和工作人员工资的通知》。《通知》指出，这次调整工资的范围，是全民所有制的企业、事业单位和国家机关中 1957 年底以前参加工作的三级工，1960 年底以前参加工作的二级工，1966 年底以前参加工作的一级工和低于一级的工人，以及与上述工人工作年限相同、工资等级相似的工作人员。1972 年 7 月，北京市调资工作基本结束，全民所有制职工有 157 万人，调资的 37 万人，占职工总数的 23.5%；集体所有制职工 25 万人，调资的 13 万人，占职工总数的 52%。

1972 年

12 月 15 日　中共北京市委对市工代会进行改组，成立 11 人组成的领导小组，组长为倪志福。

1973 年

2 月 7 日　北京市工人代表 1600 多人在长辛店二七机车车辆厂集会，纪念京汉铁路工人大罢工 50 周年。

4 月 11 日　中共中央发出《中央转发北京市委、上海市委关于召开工会代表大会的请示报告的批示》。

4 月 16 日—21 日　北京市工会第六次代表大会在北京展览馆剧场举行。出席大会的代表 2396 人，代表着全市 135 万名工会会员，206 万名职工。倪志福代表市工代会领导小组作工作报告。中共北京市委第一书记、市革委会主任吴德出席大会并讲话。大会选举产生市总工会第六届委员会。在市总工会六届一次委员会议上，选举产生常务委员 26 人；选举倪志福为市总工会主任，刘锡昌、张世忠、曹宪波、罗淑珍、李瑞环、王静儒为副主任。由于“文化大革命”中工会财务活动被取消，工会会费和经费统交市财政管理，市第六次工会代表大会未选举经费审查委员会。（在市工会第六次代表大会召开前，中共北京市委答复市总工会请示时认为，市工代会虽然问题不少，但作为历史，不能抹掉，对其组织还应予以承认。因此确认 1967 年的市工代会为北京市工会第五届委员会。）

7 月 29 日　由市总工会、市妇联、团市委、市公安局、北京卫成区组成的首都工人民兵总指挥部成立大会在工人体育场召开。

1974 年

2 月 10 日 市总工会在工人体育馆召开北京市工人批林批孔大会，号召“把批林批孔放在一切工作的首位”。

1975 年

5 月 19 日 全国著名劳动模范、第三届全国人大代表、崇文区淘粪工人时传祥被迫害致死，终年 60 岁。

12 月 14 日 中共北京市委向中央报送《关于深入学习无产阶级专政理论的情况报告》。《报告》说，学习运动中形成了 25 万多人的工人理论队伍。

1976 年

3 月 4 日 市总工会和首都工人民兵总指挥部联合召开“反击右倾翻案风”大会。

3 月 30 日 市总工会工人理论组副组长曹志杰等 29 人在天安门广场人民英雄纪念碑南侧贴出第一张悼念周恩来总理的小字报。

4 月 4 日 首都百万人民悼念周恩来、反对“四人帮”的强大抗议运动达到高潮。中共中央政治局召开会议，把群众在天安门广场悼念周恩来的活动定为“反革命事件”。

4 月 5 日 首都民兵、警察根据上级指示封锁天安门广场，拘捕群众 200 多人，以后又拘捕了 100 多人。天安门事件虽遭压制，但为后来粉碎王洪文、张春桥、江青、姚文元“四人帮”反党集团奠定了坚实的群众基础。

4月24日　首都工人民兵总指挥部召开“庆功”大会，表彰一批压制群众运动“有功”的所谓“先进集体”和“先进个人”。

5月13日　市总工会、团市委、市妇联、首都工人民兵总指挥部联合组成“粉碎天安门广场反革命事件斗争事迹巡回报告团”到机关、部队、企业、农村、学校和街道作报告，引起广大群众的强烈反感。

7月28日　河北省唐山至丰南一带发生7.8级地震，波及北京地区，通县、大兴等地灾情严重。北京医疗卫生、公交、基建、铁路、电信、建材、商业等系统职工始终坚守岗位，抗震救灾，并对唐山至丰南等地的灾区给予大力支援。

10月21日　本市150万名职工和其他各界人士热烈庆祝粉碎“四人帮”反党集团。连续三天，参加游行的群众达580万人次。

10月24日　首都百万军民在天安门广场举行大会，庆祝粉碎“四人帮”反党集团篡党夺权阴谋的胜利。

10月30日　北京铁路局在北京举行“毛泽东号”机车命名30周年庆祝大会。该机车于1946年10月30日在哈尔滨铁路局以领袖名字命名，1949年3月随解放军南下，归属北京铁路局丰台机务段。

12月28日—30日　中共北京市委召开工业学大庆工作会议。会议号召全市共产党员、干部、工人和技术人员立即行动起来，密切联系工业战线的实际，深入揭批“四人帮”反党集团，认真搞好各级领导班子的建设，努力改进和加强企业管理，开展社会主义劳动竞赛，把普及大庆式企业的群众运动推进到一个新的阶段，以优异成绩迎接全国工业学大庆会议的召开。

12 月 29 日　市总工会召开先进职工、先进集体代表座谈会。来自首都工交、财贸、基建战线的 70 多名先进职工、先进集体代表狠批“四人帮”反党集团的罪行，决心在新的一年里夺取新的胜利。

1977 年

1 月 29 日　市总工会、团市委、市妇联联合召开 1.8 万人参加的批判“四人帮”反党集团及其在北京的骨干分子篡党夺权、祸国殃民罪行大会。

2 月 23 日—3 月 2 日　北京市工业学大庆会议召开。会议命名 30 个大庆式企业，表彰一批学大庆的先进企业、先进集体、先进生产者和先进工作者。

3 月　市第六建筑工程公司一工区二队在承建北京 618 厂宿舍工程中，做到质量好、工期快、安全、节约、工效高、施工现场文明。工程竣工后被公司命名为“全优工号”，并召开现场会，向全公司推广。北京市建委和建工局抓住这一典型，在全市发起创“全优工号”竞赛，得到建筑业职工的响应。

4 月 15 日　市总工会召开首都工交、城建、财贸等行业劳动模范和先进人物座谈会，庆祝《毛泽东选集》第五卷正式出版发行。

8 月 15 日　市总工会召开班组工作经验交流会。“毛泽东号”机车组等 13 名先进班组代表发言。

8 月 19 日　市总工会召开揭批“四人帮”反党集团，开展大讲“四人帮”的危害，大讲同“四人帮”斗争的经历，大讲经验体会的“三大讲”经验交流会。

10 月 1 日　根据国务院决定，自即日起提高部分职工的工资。调资重点是那些工作多年、工资偏低的职工。北京市调整工资的职工占职工总数的43.9%，每人每月增加工资6.21元；县以上集体所有制单位也参照进行了调整工资工作，调资面为49.35%。

12月18日—22日　市总工会召开工作会议。与会人员揭发批判“四人帮”反党集团的反革命政治纲领及其破坏工人运动的罪行。

1978年（1月—11月）

2月1日　市总工会在长辛店二七机车车辆工厂召开北京市工人纪念二七斗争55周年大会。

2月12日—18日　1978年北京市工业学大庆会议举行。会议向155个大庆式企业授旗，向14名劳动英雄颁发奖章和证书；授予129个学大庆标杆集体，140名个人劳动模范称号。

4月30日　市总工会召开庆祝五一劳动英雄模范先进人物座谈会。与会代表向全市职工发出《为把首都建设成为社会主义现代化城市而奋斗》的倡议书。

5月26日—28日　市总工会召开班组竞赛工作会议。总结交流“毛泽东号”机车组经验和市纺织局工会开展以班组为基础的劳动竞赛经验，讨论开展学“毛泽东号”赶标杆班组竞赛的问题，研究制定标杆班组的试行标准。

5月31日　北京市工业学大庆工作会议召开。会议要求学习贯彻新时期的总任务和工业管理条例，搞好企业整顿，加快普及大庆式企业的步伐，广泛开展以提高质量、降低消耗、反对浪费为中心的增产节约运动。

6月14日　市革委会转发《国务院关于实行奖励和计件工资制度的通知》，要求全面贯彻精神鼓励和物质鼓励相结合，以精神鼓励为主，物质鼓励为辅的方针。

6月30日 市总工会、市环卫局和中共崇文区委联合举行大会，为全国劳动模范、第三届全国人大代表、崇文区清洁队清洁工人时传祥平反。

7月1日 中共北京市委发出《关于贯彻中央10号文件在国家机关和人民团体中设立党组的有关规定的通知》，指出市属各局或相当局一级的国家机关和人民团体的党委或党的领导小组，一律改建党组。

7月30日 市革委会工业学大庆办公室和市总工会联合召开学“毛泽东号”赶标杆班组竞赛动员大会。会上，“毛泽东号”机车司机长陈福汉介绍了该机车组32年班组建设的基本经验。标杆班组代表提出《学“毛泽东号”赶标杆班组倡议书》。

8月12日 由市总工会主办，历时24天的北京市职工文艺会演闭幕。会演共演出35台、350多个节目，评选出48个开展文艺活动的先进单位和37个优秀节目。

9月26日 市总工会在劳动人民文化宫举行大会，为所谓“天安门事件的第一号反革命案件”平反，为遭受“四人帮”反党集团迫害的原市总工会工人理论组副组长曹志杰等29人恢复名誉。

10月8日 市总工会举行北京市工人向中国工会第九次全国代表大会献礼大会。

10月11日—21日 中国工会第九次全国代表大会在北京举行。邓小平代表中共中央、国务院向大会致词。25日，首都工人、工会工作者1400多人集会，庆祝中国工会第九次全国代表大会闭幕，欢迎参加大会的北京代表归来。市总工会主席、北京代表团团长彭思明在会上传达中国工会九大精神。

10月21日 中共中央发出《关于认真做好劳动保护工作的通

知》。在贯彻执行党中央通知的过程中，全市各级工会组织把提高职工的安全生产、文明生产水平作为新时期经常性的重要任务。

11 月 14 日　经中共中央批准，中共北京市委宣布：1976 年清明节广大群众到天安门广场悼念周总理、声讨“四人帮”是革命行动。对因此而受到迫害的人，一律平反，恢复名誉。

11 月　全国总工会、国家建委、国家劳动总局在北京召开京、津、唐三市建筑业开展创“全优工号”社会主义劳动竞赛动员大会。北京市六建一工区介绍开展创“全优工号”劳动竞赛和实行“全优超额计件综合奖”的经验。会后这一经验逐步向全国建筑业推广。

改革开放和社会主义现代化建设新时期

1978年（12月）

12月18日—22日　中共十一届三中全会召开。全会作出把党和国家工作重心转移到经济建设上来、实行改革开放的历史性决策，实现了新中国成立以来党的历史上具有深远意义的伟大转折，开启了我国改革开放和社会主义现代化建设历史新时期。

1979年

1月22日　市总工会会同市财政局转发财政部、全国总工会《关于恢复企业、事业、机关的行政方面拨交工会经费的联合通知》。同时，会同中国人民银行北京市分行下发《关于各级工会在银行开立账户和行政方面拨交工会经费手续的通知》，明确工会“可在就近人民银行开立‘工会工作费’账户，办理工会经费、会费的收支和上解”。

1月25日　市总工会与全国总工会联合召开春节劳模座谈会。在京的部分全国劳模150人，与国务院、中共北京市委和全国总工会及市总工会有关领导欢聚一堂。

3月27日　市总工会在市工人俱乐部举行欢迎以朝鲜职业总同盟副委员长文炳禄为团长的朝鲜工会代表团大会，由职工业余文艺积极分子和北京京剧院演出文艺节目。这是中国工会第九次全国代表大会之后应全国总工会邀请来华访问的第一个外国工会代表团。

4月4日　北京市召开1978年度大庆式企业命名大会。大会命名首都钢铁公司等5个局级单位和310个企业为“大庆式企业”。

4月29日　市总工会与全国总工会联合召开座谈会。在对越自卫反击、保卫边疆战斗中荣立战功的战斗英雄、在中央工交各部担任领导工作的老劳模、本市各条战线的先进人物共50多人参加座谈会。

6月1日　市总工会为庆祝“六一”国际儿童节举办联欢会，邀请市劳动英雄和劳动模范与少年儿童代表会面。

7月14日　中共北京市委批转市总工会《继续贯彻三中全会精神，深入开展增产节约运动，团结一致搞好四化》的报告。并决定：为了加强工会工作，工会应由同级党委（党组）直接领导，而不应由政治部代管。

7月19日—29日　市总工会组织高等院校先进职工代表188人到北京工人北戴河休养所休养。这是自“文化大革命”以来市总工会首次组织学校教工到此地休养。

7月30日　北京市首次进行招工考试，7万名待业青年报名参加。招工实行德智体全面考核，择优录取的办法。

9月23日　北京市表彰工业、交通、基本建设战线劳动模范授奖大会召开。会上宣布了市革委会《关于表彰工业交通、基本建设战线劳动模范的决定》和受表彰的180名劳模名单，并向他们颁发奖章和证书。

同日　市建委和市总工会向四个建筑施工单位颁发“全优工号样板楼”证书和雕刻有金字的汉白玉荣誉标志。

9月24日　中共中央和国务院批转《全国物价工资会议纪要》，确定择优给一部分职工升级。北京市全民所有制单位职工升级面为40.8%；集体所有制单位职工升级面为36.78%。

9月25日　市总工会、市卫生局、市体委联合召开职工医疗体育工作会议。会上介绍了小汤山疗养院、北京汽车制造厂等6个单位和个人开展医疗体育工作的经验。

9 月 28 日 国务院举行授奖仪式，嘉奖全国先进企业和劳动模范。其中，首都钢铁公司等 8 个北京市的全国先进企业，陈福汉等 14 位北京市的全国劳动模范受到表彰。

10 月 29 日 中共北京市委在市工人俱乐部举行为市总工会和各级工会平反大会。大会宣读了 3 月 21 日《中共北京市委关于为市总工会和各级工会平反的决定》。决定撤销 1968 年市革委会关于市总工会问题的错误指示，推倒市工代会强加给市总工会和各级工会的一切诬蔑不实之词。大会指出，市工代会“砸烂”、“接管”市总工会和所属各级工会，把在工会工作的干部说成是“旧人员”，是完全错误的，应予彻底平反。会上同时宣布，1968 年 10 月市革委会同意市工代会解散市技术协作委员会的批示也是错误的，予以撤销。

10 月 市总工会在全市职工中普遍开展关于真理标准问题的讨论，进行辩证唯物主义的学习。

11 月 21 日 市总工会将《关于在全市工会组织贯彻中央 69 号文件的意见》的请示报告上报中共北京市委。报告指出，根据本市情况，有必要认真贯彻执行这个文件，对凡是参加 1958 年市总工会党组扩大会议，受到重点批判，会后又受到组织处分的同志，应由原处分单位根据中央文件精神重新复查，作出实事求是的结论。

11 月 市总工会召开全市工会系统的职工教育会议。会议提出，在三年调整时期全市职工业余教育的主要任务：遵照党的教育方针，对广大职工进行全员培训，要在青工中大力普及初中文化教育和初级技术教育；积极发展业余中等专业教育和高中文化教育；举办业余大学，吸收确实具有高中毕业文化程度的优秀职工继续深造；组织管理干部和技术人员的业余学习和进修；抓紧完成扫盲任务；大力举办各种专业学习班。

12 月 28 日 国务院举行本年度第二次授奖仪式，嘉奖全国先进企业和劳动模范。本市财贸、卫生、科研系统有9个单位、13人受到嘉奖。

12月底 市总工会召开劳模和先进企业代表座谈会，总结交流大干“四化”的经验。

1980年

1月 北京市在全民所有制企业中推行职工代表大会制度。据统计，全市已有70%的全民所有制企业恢复或建立了职工代表大会制度。

2月上旬 市总工会和中国财贸工会共同召开座谈会，本市财贸战线的劳模、红旗单位、先进单位代表出席。座谈会着重讨论如何做好80年代第一个春节市场供应问题。

2月19日—20日 市总工会举办有5万人参加的北京市工会工作积极分子春节联欢会。

2月22日—28日 北京市工会工作会议召开。会议总结中国工会九大以来的工会工作，讨论1980年工会工作的任务，研究工会如何成为职工群众的“重要代表者”的问题。会议指出，成为职工群众的重要代表者，最根本的就是要密切联系群众，把工会办成为工人说话、替工人办事的组织。

3月1日 市总工会发出《学习曹振贤同志英雄事迹的通知》，号召全市职工学习曹振贤为维护首都治安，同罪犯英勇搏斗的英雄事迹和革命精神。

3月8日 全国总工会发出《关于试行〈劳动模范工作暂行条例〉的通知》，规定了劳动模范工作的基本原则和要求，确定了分级负责的管理原则和工作制度。市总工会于4月转发，同时制定下发贯彻《劳动模范工作暂行条例》的补充办法，对劳动模范和先进集体的评选条件、评选办法、批准程序、各级工会的分级管理职责、管理制度等作出进一步的具体规定。

4 月 14 日 市总工会会同市经委召开有企业党委书记、厂长、工会主席参加的干部大会，由北京市第二棉纺织厂、北京第一机床厂、北京铁路分局丰台机务段的党政工领导分别介绍恢复建立职工代表大会的经验。

4 月 21 日 中共中央书记处对首都建设方针提出四项指示：一要把北京建成为全中国、全世界社会秩序、社会治安、社会风气和道德风尚最好的城市。二要把北京变成全国环境最清洁、最卫生、最优美的第一流城市。三要把北京建成全国科学、文化、技术最发达、教育程度最高的第一流城市。四要使北京经济上不断繁荣，人民生活方便、安定，就要着重发展旅游事业、服务行业、食品工业、高精尖的轻型工业和电子工业。

4 月 24 日 全国总工会下发《关于恢复和加强工会统计工作的通知》，要求各省、市、自治区总工会在整顿和健全工会组织的同时，采取切实措施恢复和加强工会统计工作。市总工会将此文件转发全市区、县、局、直属工会，要求各单位尽快确定专人（包括兼职）负责工会统计工作。市总工会着手建立健全统计工作制度。

4 月 全国总工会作出《关于动员职工为四化立功，深入开展增产节约运动，迎接党的十二大召开的决议》。市总工会根据决议精神指出，立功活动要和劳动竞赛紧密结合，在竞赛中立功。

同月 全国总工会根据国务院港澳办公室的安排，要求北京市总工会负责接待由港澳工委组织的港澳职工参观团。市总工会承担了这项任务。

5 月 17 日 市总工会与市工农教育办公室等 6 个部门联合发出

《关于开展职工教育工作检查、评比的通知》。

5月23日 中共北京市委、市人民政府举行财贸部门红旗单位表彰命名大会。大会向208个红旗单位颁发奖状。

6月16日 中共北京市委下发批转《北京市总工会工作会议纪要》的通知，要求各级党委提高对社会主义条件下工会的地位和作用的认识，认真贯彻执行中国工会九大制定的经中央批准的新时期工会工作的方针任务，把工会工作列入党委的重要议事日程，推动工会组织积极主动、独立负责地做好工作，充分发挥工会在四化建设中的积极作用。

7月初 市总工会召开工作会议。会议决定，在全市各条战线职工中围绕落实中央书记处对北京市工作方针的四项指示开展立功活动。

7月26日 北京市职工教育先进单位、先进工作者表彰大会召开，120个先进单位和287名先进工作者受到表彰。

8月27日 中共北京市委批复：同意市总工会恢复工人运动史的研究工作，重新组建市总工会工人运动史研究组（北京市总工会工人运动史研究组曾于1960年12月24日成立）。1986年更名为市总工会工人运动史研究室（市总工会直属事业单位），1991年并入市总工会职工大学。2012年8月重新成立市总工会工人运动史和劳动保护研究室（市总工会直属事业单位）。

9月2日 北京市职工业余文艺会演揭幕。5000多名基层文艺活动积极分子在会演期间演出40多台、500多个文艺节目。

9月21日 市工农教育办公室、市总工会、团市委联合发出《关于对青年职工进行初中文化和初级技术补课若干问题的意见》。凡是1968年以后参加工作，实际文化程度不足初中毕业、技术知识不足三级工水平的青年职工，都要进行初中文化和初级技术知识补课，考试及格，发给证书。

10月16日 《中国青年报》发表《敢于向特权挑战的人——记北京丰泽园青年厨师陈爱武》的文章。次日，《人民日报》加以转载，同时刊登中纪委表扬陈爱武、批评国务院某部长的通报。21日，中共北京市委批转市纪委筹备组的通知，要求坚决刹住大吃大喝等不正之风。

10月17日 市总工会创办的北京市职工业余大学（1984年更名为北京市总工会职工大学）成立。该校初创时设环境保护、电子技术、数学、中文、工业经济等专业。彭思明兼任校长。

11月 北京市人民政府印发《北京市国营工业企业试行独立核算、国家征税、自负盈亏的办法》，批准首都钢铁公司、北京内燃机总厂等11家国营工业企业进行试点。

1981年

2月2日 全国总工会、市总工会共同主办迎春座谈会。首都环卫工人的代表同中共中央、国务院和北京市的有关领导欢聚一堂，互致春节问候。

2月10日 市总工会会同市财政局、人民银行北京市分行转发全国总工会、中国人民银行、财政部《关于严格按照〈工会法〉规定拨交工会经费的通知》，其中规定，行政方面应于每月15日以前拨交当月的工会经费，逾期不交或屡经催交无效的，由区、县、局工会根据欠交的金额和过期的天数（每日增交的滞纳金），填制盖有正式公章的“扣交工会经费通知书”送交开户银行，凭此办理扣交手续。

2月12日 市总工会发出通知，要求各级工会组织和全市职工学习高云涛、田继跃舍己救人的革命精神。

3月2日—5日 市总工会和北京市历史学会联合召开北京市工人运动史座谈会。出席会议的有北京二七机车厂、北京市邮政局、北京市电车公司，首都钢铁公司等23个历史悠久的厂矿企业工会主席和中国科学院近代史研究所、北京社会科学研究所、中国人民大学、北京师范大学、北京大学、中央档案馆、北京档案馆等48个单位的教学、研究人员73人。这次会议标志着恢复后的北京工人运动史研究工作走上正轨。

4月15日—18日 市总工会召开工会工作会议，讨论研究如何落实中央书记处对北京建设方针的四项指示。

4月29日 全国总工会和市总工会联合召开劳动模范、先进生产者、先进工作者座谈会，中共中央副主席邓小平等党和国家领导人出席座谈会。

5月1日 由市总工会主办的北京市职工“五一劳动杯”长跑比赛在工人体育场举行。

6月24日—27日 中共北京市委召开北京市企业民主管理工作会议，贯彻全国总工会、中共中央组织部、国家经济委员会联合召开的全国企业民主管理座谈会精神。会议指出，企业要实行党委领导下的厂长负责制和职工代表大会制。

6月26日 为纪念中国共产党成立60周年，市总工会召开部分劳动模范座谈会。

7月13日 中共中央、国务院颁发《国营工业企业职工代表大会暂行条例》，并为此发出《通知》。该《通知》指出，推行职工代表大会制度是党的一项重要政策，各地区、各部门的党委（党组）要统一部署，组织各方面的力量，通力合作，采取切实可行的办法，指导和督促所属企业贯彻实施《国营工业企业职工代表大会暂行条例》，并且不断总结和创造经验，使职工代表大会制度进一步完善和提高。1982年1月和5月，中共中央、国务院又分别颁发《国营工厂厂长工作暂行条例》和《中国共产党工业企业基层组织工作暂行条例》。

7月15日—17日　市总工会召开北京市工会系统职工教育工作会议。会议传达中共中央、国务院《关于加强职工教育工作的决定》。会议认为，大力开展职工教育，是实现四个现代化的重要条件，是社会主义精神文明建设的重要组成部分，也是物质文明建设的基础，这是全党的共同任务，工会负有义不容辞的责任。

8月26日　市总工会、市工农教育办公室、市劳动局联合发出《关于加强工人技术培训和建立经常性技术考核制度的通知》。

8月　北京市各级工会干部和职工学习和宣传《国营工业企业职工代表大会暂行条例》。

9月10日—24日　市工农教育办公室、市总工会、市经委在劳动人民文化宫联合举办全市工交系统职工教育成果展览。

9月22日　市总工会、团市委、市工农教育办公室、市经委在市工人俱乐部联合举办“成才之路”报告会，由工交系统几位自学成才、成绩突出的青年职工介绍经验。

10月　市总工会、市文化局联合举办1981年北京市职工业余戏剧会演。

11月　北京市企业民主管理经验交流会召开。会议提出，市经委系统要抓100个厂进行民主选举厂长的试点。至1982年底，有287个企业民主选举了厂长。

12月22日　市总工会召开北京市工会积极分子代表会议，表彰995名工会积极分子。5位工会积极分子、2位基层工会主席在会上介绍经验。

1982年

1月17日—26日 市总工会、市妇联、团市委、中国青年报社等单位主办首都春节期间青年集体婚礼，有5550对青年参加。1月上旬，市总工会、团市委、市妇联和市青联联合发出通知，要求各级工青妇组织统一行动，为在春节结婚的青年操办集体婚礼。

1月22日 全国总工会主席倪志福和市总工会主席彭思明等领导，分别到北京二七机车车辆工厂和已故全国劳动模范时传祥家中，向劳动模范、二七老工人和时传祥的家属进行春节慰问。

2月1日—17日 市总工会举办企业民主管理研究班，拟定《基层工会承担职工代表大会工作机构的职责范围》、《关于职工代表大会的若干民主程序》和《关于基层工会把搞好职工代表大会作为工作重点的几点意见》三个文件草案，供基层工会参考和试行。

3月1日 北京普遍开展“全民文明礼貌月”活动。中共北京市委、市政府号召着重抓好三件事：搞好环境卫生，解决一个“脏”字；整顿公共秩序，解决一个“乱”字；提高服务质量，解决一个“差”字。4月8日，在首都“全民文明礼貌月”总结表彰大会上，市总工会、团市委和市妇联联合发出《关于制定〈首都人民文明公约〉的倡议》。

3月24日 北京市表彰先进大会召开。6231名劳动模范、先进集体和先进个人的代表出席大会。大会宣读了1981年度评选出的1027名劳动模范名单，颁发了荣誉证书。

4月19日 市总工会、市科协联合召开北京市合理化建议、技术革新活动倡议大会。桂育鹏、戴凤臣等17名劳动模范、技术交流标兵和科技人员发出《关于广泛开展群众性合理化建议、技术改进活动的倡议》，提出应围绕提高经济效益来开展这一活动。

5月2日 全国劳动模范和先进人物代表座谈会在京召开，通过《全国职工守则》。

7月 北京市举行首次职工大学联合招生考试。共有30所学校、29个专业招生，报名人数达7252人。

8月7日 市总工会发出通知，要求全市各级工会发动广大职工，在各自的岗位上，以搞好“两个文明”建设的实际行动，迎接党的十二大召开。

8月11日 市总工会召开部分劳模、工会干部座谈会，讨论在“两个文明”建设中，特别是在治理“脏、乱、差”中，发挥模范带头作用的问题。

9月1日—10月25日 北京市职工业余文艺会演举行，共上演音乐、舞蹈、曲艺、戏剧节目69台805个。

10月23日 市总工会召开认真学习党的十二大文件，深入开展“五讲四美”活动经验交流会。会议要求工会在“五讲四美”活动中抓好三件事：一是学习党的十二大文件中有关精神文明建设的内容；二是检查“首都人民文明公约”、职工守则和卫生、绿化、交通三个法规的执行情况；三是开展劳动竞赛和创文明单位、送温暖、送方便的利民活动。

11月16日 市总工会召开技术交流积极分子总结表彰大会，有13个先进集体获得奖状和证书，16人被评为技术交流标兵，398人被评为技术交流模范。

12月12日 在中华全国职工技协委员会暨表彰先进大会上，本市技术交流站等6个先进集体和宋东生等15名先进个人受到表彰。

12月17日—21日 北京市工会第七次代表大会在北京工人体

育场召开。出席大会的代表 612 人，代表着北京市 260 万名会员、360 万名职工。中共北京市委第一书记段君毅、全国总工会副主席王崇伦出席大会。大会审议通过市总工会主席韩凯向大会作的《动员全市职工为全面开创首都社会主义现代化建设新局面而奋斗》的工作报告，选举产生市总工会第七届委员会和经费审查委员会。在市总工会七届一次委员会议上，选举产生常务委员 15 人；选举韩凯为市总工会主席，陈福汉、王哲、万云、刘尚贵、吴海泉、翟泰丰为副主席。经费审查委员会选举纪明为主任。

12 月 28 日 市总工会召开劳动模范座谈会，会上确定市总工会常委以上的领导每人联系一名劳动模范，当场见面，建立联系。

1983 年

1 月 22 日 市总工会修订并下发《关于基层工会财务管理工作的补充规定》，对财务工作管理体制和工会经费分成、预算决算管理等，重新作了明确规定。

1 月 31 日 市总工会召开退休老工人迎春座谈会。参加座谈会的代表有二七老工人刘再祥、全国劳动模范戴凤臣等 20 多人。会上通过向全市退休职工发出的《退休职工要做“五讲四美”带头人》倡议书。

2 月 6 日 纪念二七大罢工 60 周年大会在北京二七机车车辆厂举行。大会宣读叶剑英、邓小平、李先念、陈云为纪念二七大罢工 60 周年的题词，全国总工会和市总工会的领导到会。同日，举行“长辛店二七纪念馆”奠基仪式，党和国家领导人出席。

2 月 18 日 北京市职工业余大学在教育部备案，成为国家正式承认的独立设置的成人高校。

2 月 22 日 劳动人事部发出《关于积极试行劳动合同制的通知》。

2 月 23 日 市总工会召开区、县、局和直属基层工会干部会议。会议要求各级工会在“全民文明礼貌月”活动中，要广泛开展职业道德规范活动、赞颂身边共产主义因素活动、优质服务竞赛活动和贴心人服务队活动。

3 月 22 日 市总工会发出《关于在新形势下更好地开展学先进、创先进活动的通知》。

4 月 14 日 国务院批转劳动人事部《关于企业调整工资及改革工资制度的报告》。这一次是职工普遍升级，工资偏低的中年知识分子还可以较多地增加工资，全民所有制企业近 95% 的职工增加了工资，其中约 2.6% 的职工升了两个级差。按照规定，增加工资总额的 55.6% 由企业自有资金支付。

4 月 22 日 市总工会七届二次委员（扩大）会议召开。会议分为两个阶段进行。第一阶段传达 3 月 14 日《中央书记处会议纪要》和全国总工会领导有关讲话精神，印发贯彻中央书记处重要指示的调查提纲。第二阶段是在深入学习和调查研究的基础上，进一步提高认识，统一思想，明确方向，确定贯彻执行中央书记处指示精神的具体措施。为了开好第二阶段会议，市总工会组织四个调查组，分别到北京第二汽车厂、北京第二棉纺织厂、北京电视机厂、北京钢锉厂等国有企业蹲点调查，总结了工会代表工人阶级利益，为职工群众说话办事的经验和党委加强领导，支持工会维护职工合法权益的经验。

同日 市总工会干校和劳动人民文化宫分别举办的文科和理科两个劳模文化补习班开课。补习班学员 103 人，其中市劳模 17 人，区、县、局级先进生产者 86 人。通过补习，将参加市成人教育统一考试，合格者入学深造。

4 月 30 日 中共北京市委转发市委宣传部、市总工会、团市委《关于开展对青年职工脱产政治轮训的意见》，要求各级党委给予高度重视，认真贯彻执行。

4 月 市总工会树立本市第一批“双文明建设标兵”和“双文明建设集体标兵”。

5 月 2 日 北京市职工读书活动指导委员会成立。

5 月 5 日 中共北京市委转发市委组织部、市经委党组、市总工会党组《关于进一步贯彻执行三个条例、健全企业领导制度的意见》。

5 月 21 日 市总工会、团市委、北京日报社、市文化局和北京出版社联合倡议，在全市职工中开展“振兴中华”读书活动。

5 月 23 日 由市总工会等单位联合主办的“五月的鲜花”歌咏活动，遴选出八台节目参加全市歌会，第一台演出于当日举行。

5 月 市总工会党组和市工农教育办公室党组联合向中共北京市委报送《关于青年先进模范人物文化技术补课和选送深造问题的请示》，提出对年龄 35 岁以下，实际文化程度达到高中、中专水平，在本职工作中有一定贡献，确有培养前途的劳动模范，经本人申请，基层领导同意，区、县、局批准，学校经过考核，送有关高等院校代培的意见。中共北京市委办公厅于 5 月 19 日转发这个请示。6 月 13 日，教育部、全国总工会等 8 个单位联合下发《关于省、市、自治区以上先进人物升学深造的暂行规定》。市教育局、市总工会等 9 个单位于 7 月 4 日转发，和上述市委办公厅转发的《请示》一并贯彻执行。

6 月 17 日—21 日 市总工会七届二次委员（扩大）会议复会。第二阶段会议的主要议题是，学习贯彻中央书记处对工会工作的重要指示，联系实际讨论新时期工会工作的方针、任务、工作方法和工作作风以及努力开创工会工作新局面。

7月22日 市总工会在生活工作会议上要求，各级工会组织要在9月15日以前把全市无子女的孤寡退休职工照管起来，落实到人。同时，要发展、巩固、充实、提高当时已在一些系统建立的“贴心人服务队”。到9月21日，在工交、城建、财贸、农林、军工等系统的企业单位中，5522名需要照管的鳏寡孤独退休职工，都做到了老有所养、难有所帮、病有所医。

8月20日 北京市职工技协委员会成立暨表彰大会召开。大会向长期以来在本市群众性技术协作活动中作出贡献的倪志福、李瑞环、韩伯平、李昌安、张百发等60人授予“北京技协荣誉证章”和荣誉证书。市职工技协成立后，市总工会和市经委联合下发《关于建立基层职工技术协作委员会开展基层技协活动的通知》。要求市经委系统各工业局、总公司、公司（总厂），各区、县、公司直属厂工会以及中央在京企业工会，建立相应的组织机构，支持北京市职工技协的工作。同时，经过和财政部门协商决定，对技协进行有偿服务的收入两年内免收所得税，只收营业税。

8月23日 市工农教育办公室、市总工会联合发出《关于责成北京市职工业余大学试办职工高等院校预科班的通知》。

8月下旬 市总工会、市卫生局决定，对历届市级以上劳动模范进行一次身体健康检查。

10月5日—10日 中共北京市委职工思想政治会议召开。会议提出，从现在起到1988年底，用5年多的时间，对全市青工进行轮训，学习中国近现代史、社会发展史、科学社会主义常识和中国工人阶级4门课。

10月6日 市总工会召开大会，表彰先进工会集体303个，先进工会干部290名，优秀工会积极分子1914名。

10 月 18 日—29 日　中国工会第十次全国代表大会在北京举行。会上，北京市有 6 个先进基层工会、51 个先进工会小组、54 名优秀工会工作者和 311 名优秀工会积极分子受到全国总工会的表彰。

10 月 28 日　市总工会召开贴心人服务队活动经验交流会。

11 月 7 日　市总工会举行万人大会，传达中国工会十大的主要精神，提出北京市贯彻中国工会十大的意见和对各级工会的要求。

11 月 27 日　市总工会和市工农教育办公室联合召开北京市职工自学成才经验交流会，有 5 名职工介绍经验。市总工会领导在总结发言中要求与会单位创造新经验，带动更多职工自学；希望全社会都关心自学，支持自学；希望各级领导加强对自学职工的思想政治工作，做好自学职工的组织管理工作，帮助自学职工解除后顾之忧。

11 月 30 日　市总工会对在本年度职工技协活动中作出优异成绩的 9 个先进集体、11 名标兵和 393 名模范队员进行表彰。

12 月 5 日—7 日　市总工会召开七届三次委员（扩大）会议，着重讨论贯彻落实中国工会十大确定的纲领，开创本市工会工作新局面等议题。

12 月 20 日—23 日　北京市教育工会第四次代表大会召开，恢复和建立了中国教育工会北京市委员会。

1984 年

1 月 4 日　北京市职工读书指导委员会和北京日报社在人民大会堂联合召开“振兴中华、读书竞赛”知识测验发奖大会。

1 月 17 日—20 日　市技术交流站举办全市性义务咨询活动。

活动包括冷热加工、电子技术、技术管理等40个专业和工种，参加接待的有582名技协积极分子，受理各种技术课题9452项，其中通过咨询答疑基本解决662项，需要进一步组织协作和下厂攻关283项。

1月19日 市总工会召开群众生产工作会议，提出在改革新形势下实现劳动竞赛由速度型向效益型、由体力型向智力型转变，做好群众生产工作、开展劳动竞赛的意见。

1月 市政府转发市劳动局关于《北京市企业女职工劳动保护若干问题的暂行规定》，要求各区、县人民政府、市政府各委办局依照执行。

2月初 市总工会在全市职工中开展宣传、学习《中共中央、国务院关于对〈北京城市建设总体规划方案〉的批复》和《北京城市建设总体规划方案》的活动。

2月12日 市总工会发出《关于发动全市职工积极投入第三个全民文明礼貌月活动的通知》。

4月16日—20日 市总工会召开工作会议，主要解决工会如何议大事、懂全局、管本行，为实现全党奋斗目标作出贡献，以及适应新形势，立志改革，开创工会工作新局面等问题。

5月1日 全国总工会下发《关于整顿工会基层组织，开展建设“职工之家”活动的决定》，要求用三年左右的时间，把全国的基层工会按6条标准整顿完毕。8月，市总工会召开工作会议，下发《关于整顿基层组织，开展建设“职工之家”活动的规划》，对这项活动进行具体部署。

5月29日 北京市召开1983年度“振兴中华”读书活动总结表彰大会，表彰先进集体71个、先进小组139个、先进个人127人、积极分子3148人、优秀辅导员74人、优秀组织者83人。

6月11日—14日 北京市国防工业工会第一次代表大会召开，选举产生第一届国防工会委员会。北京市国防工业工会成立。

6月28日—9月15日 北京市第六届工人体育运动会举行。

7月16日—31日 北京市职工技术革新技术协作新成果展览会开幕。工交、城建、财贸系统30多个单位参展，共展出近5年来3100多项技术革新和技术协作成果，选拔出200多项成果参加全国技术革新技术协作展览。

7月23日 市总工会发出《关于贯彻市“五讲四美三热爱”活动工作会议精神发动职工积极参加“学三明（福建省三明市）、抓共建、创三优、迎国庆”热潮的通知》。

7月24日 中共北京市委同意市总工会、市妇联、团市委《关于关心和帮助30岁以上未婚青年解决婚姻问题的意见》。

8月9日 市政府在批转市劳动局《关于改革企业工资和奖金制度的请示》时指出，企业不吃国家的“大锅饭”，职工不吃企业的“大锅饭”，要把职工收入的高低与企业经营好坏和个人贡献大小紧密联系起来。

9月1日—5日 市总工会召开工作会议，讨论和研究经济改革给工会工作带来的新情况、新课题，以及面对新的挑战，工会如何搞好自身改革，站在改革前列的问题。

9月22日 市总工会命名公共汽车15路5064号车组和电车110路4390号车组为“首都文明号”和“工人先锋号”。

10月1日 《北京工人》杂志复刊。2001年1月更名为《工会博览》杂志。

10月22日 北京市总工会电脑红娘服务中心成立。

10月31日 应全国总工会邀请，以副会长土井一清为团长的全日本劳动总同盟青年工人代表团一行470余人来京参观访问。受全国总工会委托，北京市总工会安排了访华团在北京的主要行程。全日本劳动总同盟是日本第二大全国性总工会，组织这样的大型代表团来华访问，在中日两国工会和工人友好交往史上是第一次。

11 月 17 日　市总工会会同市委工业部和市经委举办的北京市 33 个厂长负责制试点单位民主管理研讨会结束。会上草拟了《北京市职工代表大会实施条例（初稿）》；下发《在试行厂长负责制中进一步加强企业民主管理工作的几点意见》，由各单位参考试行。

12 月 15 日　市总工会召开市职工技协活动表彰大会，向 68 人颁发市技协荣誉证书和奖章；授予 49 人技术协作标兵称号；授予 739 人先进技协积极分子称号。大会还表彰了 171 项优秀技协成果，120 项先进技术成果，236 项技协成果。

1985 年

1 月 28 日　教育部、中国教育工会全国委员会联合颁发《高等学校教职工代表大会暂行条例》。5 月，中共中央关于教育体制改革的决定中指出："高等学校要建立以教师为主体的教职工代表大会制度，加强民主管理和民主监督。"市教育工会总结了几个高校的试点经验，写出报告报送中共北京市委教育工作部。

1 月　国务院发出《关于国营企业工资改革问题的通知》，劳动人事部发出《关于印发国营大中型企业职工工资标准的通知》。北京市分别制定了企业干部和国营企业工人工资标准表，并规定先纳入新的工资标准再升级。实行工资总额与经济效益挂钩的企业，增资资金由企业工资基金支付，其他企业由企业自有资金支付，实行浮动升级。这是一次普遍升级，也是最后一次由国家统一安排企业工资标准和职工升级工作。全市企业有 91.9% 的职工进行了浮动升级。

2月1日 市总工会下发《关于鼓励职工奋发读书，自学成才的决定》。同时附发《北京市总工会鼓励职工奋发读书自学成才奖励办法（暂行）》。

2月28日 北京市劳动模范和模范集体代表大会召开。大会向上年度1450名劳动模范，包括51名特等劳动模范、638个模范集体颁发荣誉证书。

3月 市政府办公厅和市总工会联合发出通知，在全市开展职工生活“五条线”（即职工食堂、托儿所、医疗、集体宿舍、浴室）和“五小”（即职工人数在200人以下的小企业事业单位兴办小型集体福利设施，如小食堂、小浴室、小托儿所等）达标活动。活动在市职工生活领导小组的领导下进行。

4月2日 市总工会等4单位联合发出《关于对“双补”结束工作检查总结的通知》。通知指出，至1984年10月，文化补课已累计完成66%，技术补课已累计完成73%。大部分单位已经完成70%的“双补”指标。

4月15日 市总工会发出《关于加强企业民主管理的几点意见》。主要内容为：提高思想认识，树立全局观点，领导者权威与劳动者主人翁地位统一的观点，职工主人翁地位、权利、责任统一的观点。按照法律行使职权，充分发挥主人翁作用。就行使对企业重大决策的审议权，对行政干部的评议、监督权，在生活福利问题上的决定权的具体做法提出指导性意见。健全和完善职工代表大会制度，使企业民主管理得到法律和制度的保障。提出要适应经济体制改革和企业内部经济责任制的要求，建立、健全并不断完善企业民主管理体系，把专业管理和民主管理结合起来。

4月30日 全国总工会、市总工会在人民大会堂举行“五一”

国际劳动节和纪念全国总工会成立 60 周年大会。大会向全国职工发出号召："继承工人阶级的光荣传统，发扬主人翁精神，为实现社会主义四化建设的伟大任务而努力奋斗"。

5 月 6 日—9 日 北京市工会民主管理工作会议召开，推广第一批试点经验。北京市显像管厂、人民机器厂、电池厂的党政工领导分别介绍经验。

5 月 7 日 市总工会受全国总工会委托，首次向本市 37 名劳动模范和先进人物颁发五一劳动奖章。

5 月 24 日 市总工会、团市委和市妇联联合发出关于全社会都来为发展教育办实事的倡议。

5 月 30 日 市总工会会同市统计局、市财政局下发《关于重申按工资总额组成规定拨交工会经费的通知》。

6 月 26 日 市总工会召开群众生产工作会议，就七届四次委员会议提出的关于工会要"当企业活力源泉的开发者，做经济体制改革的促进者"的精神，探讨工会在技术进步中发挥作用，以及如何落实年内累计建立 1000 个基层技协的任务。

7 月 2 日 市总工会召开自学成才标兵表彰大会，表彰自学成才标兵 120 人，并颁发证书和奖金。本年，市总工会在《关于鼓励职工奋发读书、自学成才的决定》中，要求各级工会组织从战略高度深刻认识职工读书自学的重要意义，把工会办成职工学政治、学文化、学科学、学技术、学管理的大学校；引导职工积极参加读书自学，坚持正确的方向，认真处理好生产（工作）与学习的关系。

9 月 7 日—9 日 市总工会与市文教办、市委教育部等有关部门在劳动人民文化宫联合举办庆祝我国第一个教师节游园大会。

10 月 19 日 市总工会在中国人民大学召开现场会，推进教育、科研、卫生、文化系统建设职工之家活动的开展。至 9 月底，经过对基层工会的检查验收，本市建成职工之家的基层工会已达2500个，占基层工会总数的30%。

10月29日—31日　市总工会召开整顿建家研讨会，就整顿建家以来工会工作的变化、取得的经验以及如何进一步开展建家工作进行讨论。

12月20日　市总工会和市劳动局、市成人教育局、市经委、市城建委、市财贸办、市职工技协7家单位联合举办的全市10个工种技术比赛结束，933人荣获北京市技术能手称号。

12月22日　市总工会召开图书馆工作座谈会。本市工会系统图书馆已发展到4700多个。

本年　被誉为“当代毕昇”的北京大学王选教授发明的汉字激光照排系统获中国十大科技成就奖；使中国印刷告别“铅与火”的时代，进入“光与电”的时代。

1986年

2月3日—7日　市总工会在工人体育馆、市工人俱乐部和劳动人民文化宫举办7场春节联欢会，慰问本市劳动模范、先进工作者、工会干部和工会积极分子。

2月24日—28日　北京市职工文化工作座谈会召开。会议研讨了新时期群众文化工作的改革和如何为职工群众服务、为四化建设服务的问题。

2月25日　全国总工会统一部署的职工队伍状况调查启动。市总工会成立调查办公室及4个重点调查组，抽调85人，重点对工业、交通、城建、财贸、高教、卫生等行业的13个单位展开职工队伍调查，并对10个局、总公司的2万多名职工进行了书面调查。

这次调查于6月结束。

3月17日—18日 市总工会召开民主管理工作研究会，就如何在整顿不正之风中落实职代会的各项职权，发挥民主监督作用进行研讨。

4月2日 市总工会与市经委、团市委联合发出《关于动员广大职工广泛深入开展群众性技术革新、合理化建议活动的通知》，并于18日联合召开开展技术革新、合理化建议活动动员大会。

4月5日 市总工会与有关单位联合发出《关于1986年举行北京市工人技术比赛的通知》，并召开1986年北京市工人技术比赛动员大会。

4月8日 北京市职工生活后勤"五条线"达标活动经验交流大会召开。会议表彰了五项达标的2个单位，单项达标的593个集体和达标工作先进个人335名。会上"五条线"达标领导小组成立，办公室设在市总工会。

4月30日 市总工会首次颁发首都劳动奖章。173名先进个人荣获首都劳动奖章。

5月11日—12日 市总工会与有关单位联合举办北京市大型法律咨询游园会。

7月24日 根据全国总工会颁布的《工会劳动保护监督检查员暂行条例》，市总工会发出《关于任命第一批42名劳动保护监督员的决定》。

8月21日 中共北京市委宣传部与党史资料征集委员会、市总工会、团市委、市妇联联合向全市发出《关于加强北京革命传统教育工作的意见》。

同日 北京市职工"振兴中华"读书活动表彰总结大会召开。大会向224名先进个人、92名优秀组织者、63名优秀辅导员、68

个先进单位、120 个先进小组颁奖。

8 月 26 日　中共北京市委宣传部与市经委、市总工会、市劳动局联合向全市转发中宣部、国家经委、全国总工会、国家劳动人事部联合印发的《劳动制度改革的宣传提纲》。

8 月 27 日　市政府转发《国务院关于发布改革劳动制度四个规定的通知》和《国营企业实行劳动合同制暂行规定》、《国营企业招用工人暂行规定》、《国营企业辞退违纪职工暂行规定》、《国营企业职工待业保险暂行规定》，并指出，这四项暂行规定是中华人民共和国成立以来对劳动制度的一次重大改革，是经济体制改革的一个重要组成部分。

9 月 15 日—18 日　全国总工会和国家经济委员会在北京联合召开全国班组工作会议。会议表彰命名了 296 个全国先进班组，授予五一劳动奖状，其中有北京市的 12 个班组；大会还授予 119 名班组长“全国先进班组长”称号，颁发五一劳动奖章，其中有北京的 2 名班组长。

9 月 16 日　中共北京市委办公厅转发市总工会制定的《北京市职工物价监督暂行办法》。

10 月 5 日—12 日　北京市职工游艺游园会在劳动人民文化宫举办。

10 月 21 日　市总工会召开北京市贴心人服务队先进集体和个人表彰大会。会上表彰了贴心人服务队先进集体 147 个，先进个人 133 名。

10 月 28 日—29 日　市总工会与有关单位在北京体育馆联合召开加强班组建设动员大会。

11 月 10 日　为落实党中央关于职工教育和干部培训正规化的要求，市总工会党组决定，北京市总工会职工大学与北京市总工会干部学校合并，合并后沿用北京市总工会职工大学的名称，保留北京市总工会干部学校的名称（即一个机构、两块牌子）。

11月12日　市总工会召开北京市整顿建家表彰大会。会上表彰了21个模范职工之家、60名优秀工会干部、57名优秀职工之友、545名优秀工会积极分子；为21个模范职工之家授匾，并向其中20个模范职工之家的工会主席或副主席授予首都劳动奖章。

11月21日　市总工会授予7个车组为“工人先锋号”，并颁发标志牌。同时将“双文明建设标兵”车组改授“工人先锋号”称号。

12月26日　市总工会召开北京市工运史工作会议。会议要求各级工会组织都要加强对工运史工作的领导，把搞好工运史资料征集、整理和研究工作当作一项重要任务，并对资料征集和编写工作作出具体部署。

12月27日　中共北京市委教育工作部、市教育局和市教育工会联合召开北京市中小学教代会工作经验交流会。各区、县教育行政部门和教育工会负责人、部分学校领导300多人参加会议。崇文区教育工会、海淀区教育工会、北京156中学、西城区工读学校、朝阳区师范学校5个单位介绍经验。

1987年

1月5日—9日　市总工会七届六次委员（扩大）会议召开。会议主要讨论贯彻落实党的十二届六中全会精神、1987年工作计划和筹备市工会第八次代表大会等问题。1月9日，全国总工会副主席罗干到会讲话，强调工人阶级要站在反对资产阶级自由化的前列。中共北京市委副书记金鉴指出，工会要把广大职工团结在党的周围。

1月14日　人民机器总厂等8家企业分别签订“两保一挂”的承包协议书，实行承包经营责任制。“两保一挂”中的“两保”即确保上缴国家利润（利税），超收企业留用，歉收企业自补；保证实现合同规定的技术改造任务。“一挂”即企业工资总额与经济效益挂钩。

1月17日　市总工会与市商贸部、市商委、团市委联合发出《关于加强商业（服务业）道德建设的通知》。

1月26日　市总工会会同有关单位决定：命名一批城建系统优秀青年突击队标杆、优秀青年突击队、优秀青年工程和优秀青年指挥。

2月7日　长辛店二七纪念馆开馆。全国人大常委会委员长彭真为纪念馆题写馆名。

3月　市总工会制定《劳动保护监督检查员、信息员工作条例（试行）》，对监督检查员、信息员的职责和职权范围作出详细规定。

4月9日　北京市“三金杯”（“金牛杯”、“金鸡杯”、“金猪杯”）劳动竞赛动员大会召开。会上宣读了市总工会《关于在增产节约运动中开展“三金杯”竞赛的通知》。

4月18日　市总工会会同北京市会计系列职称改革工作领导小组办公室发出《关于工会系统会计人员职务评审、聘任工作有关问题的通知》，指出，工会系统财会干部是财会干部队伍的一个组成部分，其专业技术职务评审和聘任工作也应按照国务院、财政部、市职称改革工作领导小组的有关规定执行。

4月22日—25日　北京市举办首届工人交流洽谈会。全市379个单位，1.8万人参加交流。

4月24日　市总工会召开首都劳动奖章和首都劳动奖状授奖大会。222名先进个人荣获首都劳动奖章，56个先进单位和集体荣获首都劳动奖状。

4月27日 全国总工会和北京市总工会在中南海怀仁堂举行全国劳动模范、五一劳动奖章和五一劳动奖状授奖大会。本市36名先进个人荣获五一劳动奖章，4家先进企业荣获五一劳动奖状。

5月9日 市总工会下发《关于严格控制行政经费问题的通知》，强调“对行政经费实行从严从紧控制”，“一切开支要量力而行，力求节俭。坚决纠正摆阔气、讲排场、大吃大喝、铺张浪费等不良风气，提倡艰苦奋斗、勤俭建国的精神，促进社会风气的好转”。

5月28日 市总工会和市经委、市劳动局、市商委、市建委、市成人教育局、市职工技协联合召开北京市1986年工人技术比赛总结表彰大会。大会公布比赛结果：获六级工等级证书者28121人，占全市参赛人数的17.9%；2628名选手获“北京市中级工人技术能手”称号。其中228名选手在决赛中成绩优异，获晋升一级工资的奖励；有21个单位被评为技术比赛先进集体。

5月 北京市总工会召开各企业局、总公司工会干部参加的民主管理工作研讨会，出席40余人，着重研讨如何理顺工会与党、政、职工代表大会的关系。

6月16日—18日 市总工会召开北京市第一次工人运动理论研讨会。会上宣读了10篇论文，内容涉及工会的作用、地位和工会自身改革以及新时期工会组织的思想政治工作、民主管理工作。

7月4日 市总工会举行北京市班组建设成果发布会。23个班组在会上介绍经验。经评判，选出6名班组代表参加全国班组建设优秀成果发布会。

7月8日 市总工会发出《关于整顿工会小组开展工会升级活动的意见》，提出整顿的重点、升级标准和加强领导的具体措施，下发《北京市工会小组工作条例（试行）》。

7月19日 北京市职工物价监督总站成立。

8月24日—28日 全国班组建设优秀成果奖首次发布会在北京举行。全国总工会、国家经委、中央电视台、《经济日报》、《工人日报》、工人出版社联合评选出65个全国班组建设优秀成果奖，其中北京6个；评选出36个全国班组建设优秀成果发布奖，其中北京4个。

9月10日 中共北京市委发出《关于广泛深入开展学习张秉贵同志活动的通知》。随后，市总工会下发《关于贯彻市委决定，动员全市职工广泛开展学习张秉贵同志活动的通知》。9月18日，全国劳动模范、北京市百货大楼优秀售货员张秉贵病逝。

9月17日—10月 市总工会对工会在改革中的工作、应起的作用、维护职工合法权益、工会自身改革等问题进行重点调研。

10月16日 北京市职工自学成才标兵表彰大会召开，55名自学成才标兵受到表彰。

10月27日 市总工会召开贯彻全民所有制工业企业三个条例，全面推行厂长负责制工作会议。

11月27日 市总工会召开北京市工会班组安全建设经验交流会。

11月 市政府批转市劳动局《关于推进劳动力合理流动，深化劳动制度改革的意见》和《关于企业工人流动的若干规定》，指出，改革的目的主要是打破能进不能出、一次分配定终身的固定工制度，推动职工的合理流动，逐步实现双向选择、能进能出、相对稳定、合理流动的劳动制度。

12月23日 市职工技协召开1987年度先进集体、先进个人总结表彰大会，技术交流、技术协作中的12个先进集体、18名标兵、294名模范队员、37名技协之友受到表彰。

1988 年

2 月 5 日 市总工会召开北京市合理化建议、技术革新管理工作成果发布会。

2 月 12 日 市职工技协召开荣获全国技协先进集体和先进个人授奖大会，5 个先进集体和 10 名先进个人获奖。

2 月 25 日 市总工会召开北京市班组建设优秀成果表彰大会。会上共表彰了 105 个优秀班组。

2 月 28 日 北京市最大的劳务市场——北京市劳动交流中心开业。

3 月 5 日 市总工会与市委农工部、市农办联合成立北京市"五金杯"竞赛领导小组，并发布《关于继续开展"五金杯"竞赛的补充通知》。"五金杯"竞赛是在原"金牛杯"、"金鸡杯"、"金猪杯"竞赛基础上，又增加了"金鱼杯"和"金饲料杯"，把养殖行业和饲料加工行业有机地联系起来，相互促进，共同发展，形成了跨行业、跨部门的全市行业竞赛。

3 月 9 日 市总工会发布《关于在部分基层工会进行自身改革试点的意见》。

3 月 10 日—11 日 市总工会召开模范职工之家联系会。会后确定 10 个基层工会为第一批自身改革试点单位。

4 月 13 日 七届全国人大一次会议通过《中华人民共和国全民所有制工业企业法》，自 8 月 1 日起正式实施。6 月 16 日，市总工会发出《关于学习贯彻〈企业法〉的通知》。

4 月 16 日 市职工生活后勤"五条线"达标小组召开北京市职工生活工作达标（包括"五小"）先进单位表彰大会。9 个达标活动先进局，12 个“五小”活动先进区、县、局（社）受到表彰。

4 月 18 日　市总工会召开北京市劳动保护先进集体、先进个人表彰大会。13 个基层工会劳动保护委员会、50 个班组和 40 名工会小组劳动保护检查员荣获奖旗和奖状。

4 月 20 日　市总工会发出《关于开展评选先进女工工作委员会、先进女工干部、女职工之友活动的通知》。

4 月 24 日　市总工会举行颁发首都劳动奖章、首都劳动奖状大会。206 名先进个人荣获首都劳动奖章，56 个先进集体荣获首都劳动奖状。

4 月 30 日　全国劳动模范和五一劳动奖章、奖状授奖大会在京举行。北京市 41 人获五一劳动奖章；5 家企业获五一劳动奖状。

5 月 11 日—16 日　北京市工会第八次代表大会在怀柔县龙山宾馆召开。出席大会的正式代表 700 人，特邀代表 50 人，列席代表 26 人。中共北京市委书记李锡铭、中华全国总工会副主席陈秉权等出席开幕式并讲话。大会审议通过韩凯作的题为《团结全市职工以主人翁精神投身改革　做首都现代化建设的主力军》的工作报告，选举产生市总工会第八届委员会和经费审查委员会。在市总工会八届一次委员会议上，选举产生常务委员 17 人；选举商保坤为市总工会主席，刘尚贵、陈福汉、周永浩、韩荣岱、耿长保、郑守廷为副主席。经费审查委员会选举张少岳为主任。

7 月 25 日—26 日　市总工会八届二次委员（扩大）会议召开，讨论通过关于认真贯彻《企业法》，推动和加强改革中的工会工作的报告。

8 月 15 日　北京市工人长岛疗养院举行开院典礼。2003 年市总工会将该疗养院移转给长岛县政府。2004 年 10 月 19 日，市机构编制委员会办公室批复撤销北京市工人长岛疗养院。

9月17日　全国总工会、商业部、市政府和市总工会在北京市百货大楼联合举行张秉贵铜像揭幕仪式。

10月19日—21日　市总工会召开区、县、局（总公司）和基层工会干部研讨会，由16个基层工会介绍在贯彻《企业法》中加强企业民主管理工作的经验。

10月5日—8日　市总工会八届三次委员会议召开。会议听取市总工会改革初步方案、关于优化劳动组合中工会工作的汇报及意见和工会系统企事业发展情况的汇报。

10月11日　市总工会下发《关于基层工会经费使用原则和开支范围的暂行规定》，提出工会经费的使用"应该做到勤俭节约，符合政策，用得适当，有利工作，群众满意"。

10月18日　市总工会召开北京市工会整顿建家总结表彰大会，7387个合格职工之家受表彰。

10月22日—28日　中国工会第十一次全国代表大会召开。以商保坤为团长的北京代表团78名代表、13名特邀代表参加大会。

11月8日　中共北京市委召开贯彻中国工会十一大精神大会。中共北京市委、全国总工会的领导到会讲话。商保坤传达中国工会十一大精神，并提出全市各级工会和广大职工认真贯彻落实的具体意见。受全国总工会委托，大会向13个荣获全国模范职工之家称号、25名荣获全国优秀工会工作者称号、28名荣获全国优秀工会积极分子称号的单位和个人颁发了奖旗、奖状。

11月25日　市总工会召开北京市先进贴心人服务队及优秀队员表彰大会，74个先进贴心人服务队、127名优秀队员受到表彰。

12月19日—21日　市总工会召开北京市工会劳动保护工作会议，修改市工会劳动保护监督检查员、信息员条例。

12月21日　市总工会与有关部门联合召开北京市技术比赛总

结表彰大会，165 名技术能手、245 名操作能手受表彰。

1989 年

1 月 1 日　市总工会设立“事业发展周转金”，支持事业单位开发与更新改造，明确“扶持重点是投资少、见效快、效益高的项目”，“严格实行定项投入、检查监督、依法借贷、有偿使用、限期偿还”。

3 月 27 日　中共北京市委转发市总工会《关于贯彻中华全国总工会〈工会改革的基本设想〉的意见》。该《意见》对工会的维护、建设、参与、教育四项社会职能作了具体阐述，要求全市各级工会组织和工会干部在深刻理解中国工会十一大精神的基础上，联系工作实际进行职能分解，明确自身职责，在实际工作中具体落实。

3 月　市政府发布《北京市个体工商户、私营企业雇工劳动管理暂行办法》，规定雇主雇工时，必须在雇主经营场所所在地的街道办事处、乡镇人民政府的劳动行政管理机关办理雇工登记，雇主与受雇职工应当依据平等、自愿、互利的原则，签订劳动合同。

4 月 4 日　由市总工会、市政府农林办公室组成的北京市“五金杯”劳动竞赛领导小组召开大会，表彰 1988 年度获“金牛杯”、“金鸡杯”、“金猪杯”、“金鱼杯”、“金饲料杯”的先进集体和个人。

4 月 27 日　市总工会在《北京日报》上发表《首都工人阶级坚决反对动乱》的文章。

同日　北京市劳动模范、模范集体表彰大会召开。表彰 1988 年度劳动模范 1273 人，模范集体 322 个。

4 月 28 日　市总工会召开区、县、局工会主席会议，就反对动乱中的工会工作，特别是做好稳定职工队伍的工作对各级工会组织提出明确要求。

5月8日 市总工会下达《关于印发〈北京市工会会计工作达标升级考核标准〉的通知》，同时转发财政部和北京市财政局分别制定的《会计工作达标升级试行办法》，以及会计工作达标考核标准、会计工作三级考核标准、会计工作二级考核标准。

5月31日 市总工会发出《关于深入学习贯彻党中央和国务院关于制止动乱、稳定局势的指示的通知》。

6月1日 市总工会发表声明，强烈要求取缔非法组织——“工人自治联合会”。

6月10日 市总工会发出《关于在平息动乱、稳定局势中的工会工作的通知》。

6月26日 市总工会召开平息暴乱事迹报告、夺回损失竞赛动员大会，会上下发《关于开展“夺回损失、爱国立功、万名标兵竞赛”的意见》。

7月9日—11日 市总工会召开八届五次委员（扩大）会议，审议通过《学习贯彻党的十三届四中全会精神，团结全市职工，为平息反革命暴乱的彻底胜利而奋斗》的工作报告。

7月18日 市总工会下发《关于改革市总经费收解、补助的试行办法》。确定房山、延庆、密云、平谷、怀柔5个区县工会免解5%经费，从1989年起试行三年。对门头沟、昌平、顺义、通县、大兴试行三年定额补助经费。极个别条件艰苦、情况特殊、职工分散、经费困难的局级工会，可从实际出发，区别不同情况，在一定时期内适当给予调增分成比例或定额补助。

8月21日—30日 市总工会与有关部门联合举办“坚持四项基本原则与工人阶级”专题系列讲座。

9月1日—3日 市总工会召开区县工会主席座谈会，着重讨论如何畅通区县工会民主渠道和加强工会法律建设的问题，并草拟了《推进区县工会改革，加强民主渠道建设》的座谈会纪要，会后由市总工会下发。

9月20日 商保坤在北京市工业系统大干一百天动员大会上讲话，提出工会组织要做好宣传教育工作、开展劳动竞赛、发挥先进人物的模范带头作用、关心职工生活等四项工作。

9月28日 全国劳动模范和先进工作者表彰大会在人民大会堂开幕。北京市出席大会的正式代表114名，其中71名被授予全国劳动模范称号，43名被授予全国先进工作者称号，参加大会的还有3名特邀代表。

11月25日 市总工会向中共北京市委和市政府提交《关于我市部分企业停工情况的调查和几点建议》，就保证全市135个停产半停产企业3.5万名职工的年节基本生活，向中共北京市委、市政府提出10条建议，被采纳执行。

11月28日 京、津、沪三市工人技术比赛在上海拉开帷幕。北京市选派48名选手参加比赛，取得铣工A组第一名、电焊B组第一名、铣工B组第二名、焊工B组第三名、车工B组第三名的好成绩。对于北京参赛的48名职工，所在企业用3%的奖励晋级指标晋升一级工资；对于获得前三名的职工再晋升一级工资。

12月1日 市总工会召开部分区、局（总公司）工会干部会议，提出工会要关心维护停产半停产企业职工的利益。

12月21日 中共中央发出《关于加强和改善党对工会、共青团、妇联工作领导的通知》，市总工会随即召开常委（扩大）会议，认真学习贯彻党中央精神。次年3月16日，中共北京市委同意并转发市总工会贯彻《中共中央关于加强和改善党对工会、共青团、妇联工作领导的通知》的意见。

本年　市总工会参与制定北京市实施国务院《女职工劳动保护规定》的若干规定。

本年　《北京市总工会劳动保护监督检查员工作条例》正式颁发，同时规定工会劳动保护监督检查员、信息员例会制度，例会分经委、建委、区县、综合四个活动组，每季度活动一次，有针对性地开展安全检查、开现场会等活动。

1990 年

1 月 8 日—11 日　市总工会八届六次委员（扩大）会议召开，审议通过《团结、动员全市职工，同心同德、艰苦奋斗，为搞好治理整顿、深化改革，开好亚运会立新功》的工作报告；审议通过市总工会《关于在 1990 年开展“迎亚运、创一流、增效益”爱国立功竞赛的决定》。

1 月 18 日　市总工会召开北京市“夺回损失、爱国立功、万名标兵竞赛”总结表彰暨“‘迎亚运、创一流、增效益’爱国立功竞赛”动员大会。大会授予 8950 名先进个人竞赛标兵称号、34 个先进单位标兵班组称号。

2 月 6 日　市总工会举行纪念北京市总工会成立 40 周年座谈会。市总工会第一任主席彭真打来电话：“祝贺北京市总工会成立 40 周年，问候 40 年来从事工会工作的同志们。”倪志福等曾为北京市总工会的创建和发展作出贡献的老领导、老同志和现任的领导参加会议。

2 月 12 日　北京市工业工作会议召开。市政府决定工业系统要把 1990 年定为“强化管理闯关活动年”，号召首都百万产业职工强化管理，从高速低效转变为适速高效。

3月5日 市总工会在职工大学开办为期三个月的区、县、局（总公司）工会，产业工会，直属基层工会和五千人以上大型企事业工会正、副主席岗位培训脱产班。这是北京市首次举办工会主席全科目岗位培训脱产班。

3月17日 五道口工人俱乐部剧场被亚运会组委会指定为亚运会艺术节备用剧场。同年6月，市总工会拨专款150万元对五道口俱乐部剧场进行大修和加固。8月，工程完工并投入使用。

4月25日 北京市职工生活后勤五项达标先进集体、先进职工表彰大会召开。

4月27日 在全国总工会举行的庆祝“五一”国际劳动节，颁发五一劳动奖章和五一劳动奖状大会上，本市有43名先进职工荣获五一劳动奖章，14个先进班组和4家先进企业荣获五一劳动奖状。

4月28日 市总工会召开庆祝“五一”国际劳动节、颁发首都劳动奖章和首都劳动奖状大会。市总工会向240名先进个人颁发首都劳动奖章，向20个先进班组和单位颁发首都劳动奖状。

5月9日 市总工会召开北京市工会法律工作会议，会后下发《关于加强工会法律工作的意见》，要求各区、县、局（总公司）工会要逐步建立工会法律顾问机构，开展法律顾问工作。

5月25日 1989年度职工物价监督检查工作先进集体、先进个人表彰大会召开。

6月7日 市总工会召开工作会议。中心议题是进一步动员和组织全市各级工会组织和广大职工群众，以工人阶级高度的主人翁责任感和荣誉感，为安全、顺利、圆满、成功地办好亚运会作出新的更大的贡献。

6月9日 全国总工会等部委和团体联合下发举办首届全国青年技术比赛的通知。市总工会等单位举办全市9个工种的技术选拔赛，组成有22名优秀选手的代表队参加首届全国青年技术比赛，取得团体总分第一名、11名选手名列各工种前10名的成绩。

8月7日　市总工会召开迎亚运优质服务命名表彰大会。会上宣布《关于命名一批“迎亚运优质服务标杆集体”和颁发“首都劳动奖状”的决定》。大会表彰了78个迎亚运优质服务标杆集体，并向其中14个标杆集体颁发首都劳动奖状。

9月1日—10月6日　第十一届亚运会艺术节举行。劳动人民文化宫受第十一届亚运会组委会的委托，成为亚运会艺术节的主会场，并与第十一届亚运会大型活动文艺展览部、中共崇文区委共同承办20场亚运会艺术节游园晚会。

9月30日　中共北京市委组织部发出《关于区、县、局（总公司）工会主席配备同级党政副职一级干部的意见》。其中规定第一批先在区、县和有工会会员两万人的局（总公司）、市属行业工会中逐步配备。

11月1日　市总工会作出《关于继续开展建家升级活动的决定》。同时颁发《合格职工之家考核条件》和《工会小组“建小家”考核条件》。

11月3日　市第九届人大常委会第二十三次会议审议通过《北京市中外合资经营企业工会条例》，1991年1月1日起施行。为配合这一法规的宣传，市总工会下发贯彻该条例的通知，并于12月召开了宣传贯彻该条例的动员大会。

11月8日　市总工会在北京工人体育场举行大型文艺演出，慰问为亚运会圆满成功作出贡献的各条战线职工。

12月24日　市总工会召开贴心人服务队先进集体和先进个人表彰大会，101个贴心人服务队和151名队员被授予先进集体和先进个人的光荣称号。

1991 年

1 月 7 日—10 日　市总工会八届七次委员（扩大）会议召开，审议通过《坚持党的基本路线，全面落实工会职能，在实现“八五”计划第一年任务中，充分发挥工人阶级主力军作用》的工作报告；审议通过市总工会《关于在“质量、品种、效益年”中开展“革新、献计、创效益”爱国立功竞赛的决定》。

1 月 12 日　北京市职工读书活动总结表彰大会召开。

1 月 29 日—31 日　市总工会召开北京市工会信息工作会议，贯彻落实全国总工会信息工作会议精神，传达《北京市总工会关于加强工会系统信息、统计和理论政策研究工作的决定》。

2 月 4 日　市总工会召开首都职工“迎亚运、创一流、增效益”爱国立功竞赛表彰暨“革新、献计、创效益”爱国立功竞赛动员大会，向在竞赛中评选出的 9478 名竞赛标兵、865 个标兵班组、67 个优秀组织单位颁发奖状和证书。

2 月 11 日　市总工会向全市 507 名从事工会工作 30 年以上的工会干部颁发荣誉证书。

4 月 27 日　北京市 36 名先进职工和 10 个先进集体荣获全国总工会颁发的五一劳动奖章和五一劳动奖状。

4 月 28 日　市总工会召开庆祝“五一”国际劳动节暨首都劳动奖章、首都劳动奖状授奖大会，为 242 名先进职工颁发首都劳动奖章，为 40 个先进集体颁发首都劳动奖状。

4 月　市总工会下发《关于加强职工代表培训工作的通知》，对培训的目的、意义、内容和方法步骤提出具体要求，并结合北京市的实际情况，编写了《北京市职工代表培训讲义》。

5月28日 市总工会召开工会小组“建小家”经验交流会，北京电表厂等16个单位介绍了经验。

5月 市总工会等12个单位发出《关于1991年举行全市工人岗位练兵和技术比赛活动的通知》。

6月13日 以市总工会负责人为组长的市合理化建议技术革新活动领导小组召开合理化建议、技术革新工作会议。会议向北京市获得全国合理化建议和技术改进活动积极分子称号的38名先进人物和9个先进集体颁发荣誉奖励。

6月29日 市总工会在劳动人民文化宫举办庆祝中国共产党成立70周年——首都“工人阶级心向党”游园晚会。

7月30日 中共北京市委、市政府发布《北京市加强企业民主管理暂行办法》，并为此下发通知，要求企业的党组织、行政和工会密切配合，抓好该《暂行办法》的落实。9月17日至19日，市总工会召开北京市企事业民主管理工作会议。

8月23日 北京市工会建家升级活动表彰大会召开，对建家升级活动作了总结。会议提出，“建家也是建企业”，要把“建家”放在企事业工作的全局中统一规划和安排，要以民主管理为活动的重点，坚持在动态中建家，常建常新，坚持党政工共建的原则。

8月 市总工会召开“新时期工人阶级的地位与作用”理论研讨会。

10月18日 北京市总工会女职工委员会成立。韩荣岱兼任第一届女职工委员会主任。

11月23日 市煤炭总公司、市糖业烟酒公司、北京汽车摩托车联合制造公司、京棉一厂和友谊商业集团分别与3.1万名职工签约，实行全员劳动合同制。

12月 市总工会召开工会干部教育工作会议。会议制定了

《1991—1995 年北京市工会干部培训规划》和《北京市工会干部教育暂行规定》。

本年 市总工会制定《基层工会劳动保护监督检查委员会考核条件》和《优秀劳动保护监督检查员评比条件》，对认真履行监督检查员职责，在改善职工劳动条件、避免伤亡事故和职业病危害等方面作出突出贡献的劳动保护监督检查员予以表彰。

1992 年

1 月 13 日 全国总工会和市总工会领导看望了市纺织工业停产企业的职工，并拨出 12 万元专款，解决这类企业特困职工的生活困难。

1 月 27 日 市总工会召开首都职工“革新、献计、创效益”爱国立功竞赛总结、慰问暨“立主人志，创新水平，迎十四大”爱国立功竞赛动员大会。评选出标兵 9222 人，优秀组织单位 68 个，34 个连续三年荣获爱国立功竞赛优秀组织单位得到特别嘉奖。会议要求在 1991 年基础上创出新的经济效益水平、新的工作水平、新的技术水平、新的服务水平，有计划地赶超全市、全行业、国内和国际的先进水平，以实际行动迎接中国共产党第十四次全国代表大会的召开。

2 月 19 日 北京市经济体制改革工作会议结束。会议提出 1992 年经济体制改革工作的重点是：推进企业经营机制转换，实现企业“自主经营、自负盈亏、自我发展、自我约束”，把企业推向市场，逐步形成企业有生有死、干部能上能下、职工有进有出、工资有高有低的竞争机制。

3 月 3 日 市政府发出《关于支持国营大中型企业开展优化劳

动组合，安置富余人员的通知》。

4 月 3 日 第七届全国人民代表大会第五次会议通过《中华人民共和国工会法》（简称《工会法》），1950 年颁布的《工会法》废止。17 日，中共北京市委宣传部、市总工会、市司法局联合转发《中共中央宣传部、全国总工会、司法部关于学习、宣传〈工会法〉的通知》。21 日，市总工会下发《关于学习、宣传、贯彻〈工会法〉的意见》。

4 月 8 日 北京经济技术开发区成立。1994 年 8 月 25 日，北京经济技术开发区被国务院批准成为国家级开发区。1996 年选举产生北京经济技术开发区工会第一届委员会；2007 年 6 月 25 日，北京经济技术开发区工会更名为北京经济技术开发区总工会。

4 月 22 日—23 日 市总工会八届十次委员（扩大）会议召开，部署深入学习、宣传、贯彻《工会法》的工作。

4 月 27 日 市总工会举行庆祝“五一”国际劳动节暨首都劳动奖章、首都劳动奖状授奖大会。大会向 241 名先进个人颁发首都劳动奖章，向 48 个先进集体颁发首都劳动奖状。

4 月 30 日 全国总工会在人民大会堂集会，庆祝“五一”国际劳动节。北京市 35 名先进职工荣获五一劳动奖章，10 个先进集体荣获五一劳动奖状。

5 月 1 日—6 月 6 日 北京市第七届职工运动会举行。

5 月 6 日 市政府批转市劳动局《关于 1992 年进一步推行优化劳动组合的意见》的通知中指出，优化劳动组合是转换企业经营机制，打破干部制度的“铁交椅”、打破劳动制度的“铁饭碗”、打破分配制度的“铁工资”，克服平均主义“大锅饭”，调动职工积极性的改革措施。

7 月 2 日 由中共北京市委、市政府和相关部门、单位的领导组成的北京市企事业单位民主管理工作领导小组成立。

7月中旬 北京市职工第10届“五月的鲜花”文艺比赛在劳动人民文化宫开幕。

7月23日 市总工会按照全国总工会的统一部署，在北京地区启动职工队伍状况调查工作，对全国总工会要求的若干行业的9个典型单位职工队伍状况进行了系统的调查，还与市统计局城市调查队合作，在全市抽选30个行业的122个单位，开展了职工问卷调查。全部调查于10月结束。

8月22日 市总工会会同市财政局下发《关于外商投资企业拨交工会经费有关问题的通知》。

8月28日 市总工会、市劳动局联合发出《关于在企业劳动、工资、保险三项制度改革中加强民主管理和工会参与的几点意见》。

9月15日 市总工会、北京市电视台联合下发关于举办《工会法》知识竞赛活动的通知。全市有近80个区、县、局（总公司）900多个基层单位举行不同类型的竞赛，16300多名职工直接参加这一活动。北京电视台对决赛进行了实况转播。

10月1日 北京市实行参加退休基金统筹的职工个人缴纳基本养老保险费制度。

12月 北京市职工住房开发公司成立。

1993年

1月1日 市总工会主办的《北京工人报》创刊。2000年12月12日更名为《劳动午报》。

1月15日 市总工会召开全市爱国立功竞赛、合理化建议活动、技术比赛总结表彰动员大会，作出《关于授予爱国立功竞赛等三项活动荣誉称号的决定》，表彰1992年度“立主人志，创新水平，迎十四大”爱国立功竞赛标兵5539人，标兵班组304个，优秀组织单位34个；合理化建议技术革新能手304名，技术革新积极分子568名；优秀工作者116名，最佳革新成果241项。

2月6日 全国铁路总工会在北京二七机车工厂召开纪念二七大罢工70周年大会。中共中央总书记江泽民的题词是：“弘扬二七革命传统，争做四化建设先行。”国务院总理李鹏的题词是：“发扬二七革命光荣传统，做改革和建设的主力军。”

2月20日 市总工会转发全国总工会关于举办《工会法》修改颁布一周年纪念活动的通知。北京电视台重播北京市职工《工会法》知识竞赛实况；在《北京工人报》发表纪念文章、经验材料，推动《工会法》的深入学习和贯彻落实。

4月21日 市总工会会同市财政局转发全国总工会、财政部《关于新〈工会法〉中有关工会经费问题的具体规定》，重申：“凡依法建立工会组织的企业事业、机关单位，不论属于何种所有制性质，也不论实行何种经营机制、用工制度和分配方式，均应按新《工会法》的有关规定计拨工会经费。”

4月23日 市总工会召开职工代表培训工作表彰大会，受表彰的有40个区、县、局（总公司）培训职工代表先进单位，98个企事业先进单位，198名优秀组织者，192名优秀教师。

4月27日 市总工会举行庆祝“五一”国际劳动节暨首都劳动奖章、首都劳动奖状授奖大会。授予245名先进个人首都劳动奖章、48个先进集体首都劳动奖状。

4月29日 在全国总工会召开的庆祝“五一”国际劳动节大会上，北京市34名先进职工荣获五一劳动奖章，10家先进企业和班组荣获五一劳动奖状。

5月1日—6月8日　市总工会举办北京职工首届文化艺术节。艺术节设有文艺演出、展览、民间艺术、服装、交谊舞等五大类比赛项目，全市各系统1000多个基层单位、100多万名职工参加文艺演出和各项活动。

5月5日　北京市职工体育协会成立。

6月17日　市总工会作出《关于表彰见义勇为舍己救人的部三喜等同志的决定》。授予北京城建集团青岛项目经理部一公司经理部首都劳动奖状，授予为抢救阶级兄弟英勇献身的部三喜和与他一起冲锋在前的陈志安、彭飞首都劳动奖章。

7月6日　国务院发布《中华人民共和国企业劳动争议处理条例》。9月6日，市总工会转发全国总工会《关于学习、宣传〈中华人民共和国企业劳动争议处理条例〉的通知》，要求各级工会领导干部提高对劳动争议处理工作的认识，加强领导，把劳动争议处理工作列入工会工作的议事日程，做到有布置、有检查；各级工会组织在同级党委的领导下，与行政配合组织《条例》的学习、宣传工作，努力把学习、宣传落实到基层和职工群众中去。

7月12日　国务院发出《关于加强安全生产工作的通知》；8月11日，全国总工会发出《关于加强群众监督，搞好安全生产的通知》。市总工会专门召开会议发动各级工会积极行动，配合行政对安全生产重点部位进行了专检、联检。据52个区、县、局（总公司）统计，参加和组织安全生产大检查300余次，查出隐患2000多个，并进行整改。

9月　市总工会转发《关于下发〈中华人民共和国劳动法（草案）〉的通知》，并召开座谈会讨论，就现有企业固定工的劳动合同如何确立、集体合同、工作时间、最低工资标准、退休年龄等问题，征求基层意见，提出修改建议。

10 月 4 日—8 日 市总工会召开“社会主义市场经济与职工当家作主”理论研讨会。

10 月 24 日—30 日 中国工会第十二次全国代表大会在北京举行。北京共有 50 名正式代表、11 名特邀代表和 2 名列席代表参加大会。

10 月 市总工会向全国总工会推荐的 23 个全国模范职工之家、28 个全国模范职工小家、19 名全国优秀工会工作者、13 名全国优秀工会积极分子和 9 名全国荣誉工会积极分子在中国工会十二大上受到表彰。

11 月 18 日 北京市职工生活领导小组成立。

11 月 26 日 市总工会召开北京市贴心人服务队表彰大会。85 支贴心人服务队和 140 名服务队员分别被授予北京市贴心人服务队先进集体和北京市贴心人服务队先进个人称号。

12 月上旬 市职工读书自学活动指导办公室、市总工会联合表彰首都自学成才者 62 人，自学积极分子 159 人，自学活动优秀组织者 15 人，自学先进小组 20 个。

12 月 14 日 中共北京市委召开传达贯彻中国工会十二大精神大会。中共北京市委、全国总工会有关领导出席会议并讲话。会议着重指出，在新形势下，贯彻全心全意依靠工人阶级的根本指导方针要坚定不移、毫不动摇，要从思想认识上解决问题；要积极探索新形势下全心全意依靠工人阶级的途径和方法；要加强和改善党的领导，充分发挥工会组织的作用。

本年 中共中央提出要大兴调查研究之风，中共北京市委、市政府号召各部委办要深入基层认真调研，把调查研究作为决策的一道必经程序，将调查研究工作列为考核各部委办、各区县工作和政绩的内容之一。市总工会按照中央的精神和市委、市政府的号召，要求市总工会正副主席、机关各部门主要负责人和区县局工会主席都要亲自参加调查研究，亲自撰写或修改调研报告。

1994年

1月 市总工会作出《关于表彰1993年度爱国立功竞赛先进个人和先进集体的决定》，4580名先进个人荣获爱国立功竞赛标兵称号，182个先进班组荣获爱国立功竞赛标兵班组称号，34个先进单位荣获爱国立功竞赛优秀组织单位称号。

2月 元旦、春节期间，市总工会筹措专款19万元，分配到停产亏损企业相对集中的区、县和行业。全国总工会和市总工会领导走访慰问10个亏损的停产半停产企业和15户困难职工家庭。

3月17日 北京市民主管理工作会议召开。会议总结了全市民主管理的新情况、新问题，提出了进一步贯彻党的全心全意依靠工人阶级的指导方针和加强职工民主管理，维护职工民主权利的具体要求。

4月25日 北京市第一家私营企业工会——北京市顺义县同心建筑工程公司工会正式成立。

4月27日 市总工会召开庆祝“五一”国际劳动节暨命名职业道德标兵大会，冯长根等23人被命名为北京市职工职业道德标兵。

4月 市总工会首次授予“工人先锋车队”称号，公汽一公司四场10路车队荣获这一称号。

5月13日 市总工会召开全市工会领导干部会议，部署关于实施“送温暖工程”的具体方案，将始于1992年且每年元旦、春节期间开展的“送温暖”活动拓展为“送温暖工程”，实现了这项活动的经常化、制度化。

6月16日—19日　北京市工会第九次代表大会在京西宾馆召开。出席大会的正式代表625人，特邀代表62人，列席代表58人，代表北京市288万名工会会员和472万名职工。全国总工会主席尉健行、副主席杨兴富，中共北京市委副书记陈广文等出席大会并讲话。大会审议通过商保坤向大会作的题为《团结全市职工，充分发挥主力军作用，为首都改革开放、经济发展和社会稳定立新功》的工作报告，选举产生市总工会第九届委员会和经费审查委员会。在市总工会九届一次委员会议上，选举产生常务委员19人；选举商保坤为市总工会主席，陈福汉、李树发、张建民、韩荣岱、耿长保、郑守廷、侯小丽、任亚光为副主席。经费审查委员会选举杨贵明为主任。

7月5日　第八届全国人民代表大会常务委员会第八次会议通过《中华人民共和国劳动法》（简称《劳动法》），自1995年1月1日起施行。9月10日，市总工会举行学习《劳动法》座谈会，尉健行到会听取市总工会学习、宣传《劳动法》的情况汇报。

7月　市总工会发出《关于做好先进模范人物体检工作的通知》，要求对全市先进模范人物每年进行一次身体检查，并建立先进模范人物健康档案。

9月8日　市第十届人大常委会第十二次会议通过《北京市实施〈中华人民共和国工会法〉办法》，于11月1日起实施。

9月22日—23日　市总工会召开企业扭亏增盈工作研讨会，研究探讨在企业扭亏增盈中工会组织的作用。

10月7日　市总工会召开工作会议，市总工会有关领导分别作《关于全市工会系统学习、宣传、贯彻〈劳动法〉的基本情况和今后工作意见的报告》、《关于全国外商投资企业工会工作及加快我市外商投资企业组建工会步伐的报告》、《关于全国职工民主管理工作会议精神及加强我市职工民主管理工作意见的报告》。

10 月 9 日 全国《劳动法》咨询日。市总工会、市劳动局和 18 个区、县分别设立 18 个咨询点，同时开展《劳动法》咨询活动，参加咨询工作人员近万名，全市近 35 万人参加活动。

10 月 24 日—28 日 市总工会举办第一期《劳动法》培训班。110 名区、县、局（总公司）工会、产业工会和直属基层工会主席参加学习，并获得市劳动局颁发的《劳动法》培训结业证书。

11 月 16 日 市政府颁布《北京市最低工资规定》，于 12 月 1 日正式实施。

12 月 23 日 市总工会召开元旦、春节送温暖工作会议，对“两节”期间送温暖活动进行部署。

1995 年

1 月 9 日—11 日 市总工会九届二次委员（扩大）会议召开。会议传达中共北京市委七届五次全会和全国总工会十二届二次执委会精神，听取了《以贯彻〈劳动法〉为契机，全面带动工会工作，为促进首都改革、发展和稳定作出新贡献》的工作报告。会议对全国总工会十二届二次执委会提出的工会工作总体思路进行了学习讨论。

2 月 6 日 市总工会举行纪念北京市总工会成立 45 周年座谈会。全国人大常委会、全国总工会、中共北京市委、市政府等有关领导到会祝贺。历届市总工会主席、副主席、秘书长及部分在市总工会工作过的老同志参加座谈会。

2 月 25 日 市总工会下发《关于加速建立健全劳动争议调解委员会组织的意见》。

3 月 22 日 市总工会下发《关于抓好建立现代企业制度试点工

作的通知》。北京市先行试点的企业有 186 家（其中 3 家为全国试点企业）。

3 月 24 日 市总工会决定追授崔大庆、授予甘雷首都劳动奖章。3 月 25 日，市总工会发出通知，号召在全市职工中开展学习崔大庆、甘雷活动。崔大庆，北京市公安局丰台分局丰台镇派出所副所长；甘雷，丰台镇六里桥派出所民警。3 月 11 日，在执行任务中，勇擒持枪歹徒，崔大庆壮烈牺牲，甘雷身负重伤。

3 月 30 日 市总工会召开 1994 年度奔小康爱国立功竞赛总结大会，授予 5877 名职工奔小康爱国立功竞赛标兵称号，授予 190 个集体奔小康爱国立功竞赛标兵班组称号，授予 40 个单位奔小康爱国立功竞赛优秀组织单位称号。

4 月 17 日 北京市企事业单位民主管理工作领导小组召开工作汇报会。据汇报统计，全市有 70 个区、县、局（总公司）建立了企业民主管理领导小组，有 33 个局、总公司建制率达到 100%。

4 月 22 日 北京市劳动模范和先进工作者表彰大会在人民大会堂举行。1221 名劳动模范、先进工作者和 270 名模范集体的代表以及各行各业先进人物共 6000 人参加大会。大会授予谢秦岭等 912 人北京市劳动模范称号，授予马芯兰等 309 人北京市先进工作者称号，追授崔大庆北京市先进工作者称号，授予首钢总公司北钢公司第一炼钢厂二高炉等 207 个集体北京市模范集体称号。

4 月 28 日 在北京举行的全国劳动模范和先进工作者表彰大会上，北京市有 91 人被授予全国劳动模范和先进工作者称号。

6 月 14 日 市总工会下发《北京市工会系统调查研究工作管理制度》。

7 月 12 日 中共北京市委书记尉健行到市总工会听取贯彻实施《劳动法》情况的汇报并发表讲话。

7月17日　市总工会与市劳动局联合下发《平等协商签订集体合同试点方案》，确定14家市属企业为试点单位。

7月31日　市总工会第二届女职工委员会第一次委员（扩大）会议召开。侯小丽兼任第二届女职工委员会主任。

8月2日　市总工会召开工作会议，贯彻落实市总工会九届二次委员会议提出的“以贯彻实施《劳动法》为契机和突破口，全面带动工会各项工作”的部署。会议强调，贯彻《劳动法》要“四到位”，即认识到位、行动到位、方法到位、目标到位。

12月22日　北京市职工送温暖基金会成立。基金会的启动资金由发起者市总工会拨款100万元，市财政局拨款200万元，市劳动局拨款200万元。成立大会通过《北京市职工送温暖基金会章程》和北京市职工送温暖基金会理事会、监事会名单。2009年11月更名为“北京市温暖基金会”。

同日　市总工会与市人事局、市劳动局、市财政局联合下发《关于改善和提高劳动模范先进工作者待遇的通知》，为已经离退休并保持荣誉称号的劳动模范、先进工作者设立荣誉津贴。

同日　中共北京市委直属机关和市国家机关工会工作委员会成立。

12月25日　市总工会向各级工会发出《积极行动起来，动员所属企事业，广泛开展献爱心、送温暖活动的通知》。

1996年

2月6日　市总工会召开劳动模范春节座谈会，80名全国劳动模范和市劳动模范参加座谈会。

2月15日　中共北京市委组织部转发市总工会党组《关于工

会协助党组织管理工会干部的请示》，规范了工会干部的管理程序；工会协助党组织管理干部的范围和任务；选配工会领导干部的民主程序以及工会领导干部的配备。

4月9日 市总工会召开团结动员首都职工为实现“九五”计划和2010年远景目标建功立业暨1995年度爱国立功竞赛表彰大会，授予4957名职工爱国立功竞赛标兵称号，授予192个班组爱国立功竞赛标兵班组称号，授予51个单位爱国立功竞赛优秀组织单位称号。

4月29日 在全国总工会举行的庆祝“五一”国际劳动节大会上，北京市总工会推荐的35名先进个人、14个先进集体荣获全国总工会颁发的五一劳动奖章和五一劳动奖状。

4月30日 市总工会召开庆祝“五一”国际劳动节大会。授予248名先进个人首都劳动奖章；授予50个先进集体首都劳动奖状。

5月14日 北京市推行集体合同制度领导小组成立并召开第一次会议，通过《北京市关于积极推行平等协商和集体合同制度的意见》。6月25日起，由市总工会领导带队的6路重点工作落实情况调查组，对60个区、县、局（总公司）和基层单位签订集体合同制度的落实情况进行调研和检查。8月9日，市总工会召开会议，对推行集体合同工作提出新要求，分8路检查考核区、县、局（总公司）签订集体合同工作情况。

7月—10月 市总工会与市委党校联合对下岗职工问题较为突出的机械、纺织、轻工等8个行业的37个企业进行调查。

9月11日—22日 市总工会在全市职工中发起“学英模思想、做四有新人”读书演讲活动。活动以市委宣传部、市总工会组织编写的《京华群英》丛书为主要读书书目。

10月4日 市总工会举办李素丽事迹报告会。会上，市总工会宣布《北京市总工会关于在全市职工中广泛开展向李素丽学习活动的决定》。

10月22日 市总工会召开工作会议，学习贯彻党的十四届六中全会《关于加强社会主义精神文明建设若干重要问题的决议》精神，提出发挥工人阶级在精神文明建设中主力军作用的意见。

12月21日 中共北京市委常委会议讨论并通过市总工会制定的《北京市劳动模范、先进工作者管理工作暂行办法》。

12月23日 市总工会委托市食品工贸集团配送中心成立北京市职工消费合作社商品供应部，以利用工会组织网络，集中进货，形成规模效益。

1997年

1月14日—16日 市总工会领导带队，对50个区、县、局（总公司）“两节”期间的送温暖活动进行检查。

1月23日 市总工会举行北京市劳动模范迎春座谈会，近百名劳动模范和先进工作者到会。

2月28日 市总工会召开1996年度首都职工爱国立功竞赛表彰大会，授予4939名职工爱国立功竞赛标兵称号，授予196个集体爱国立功竞赛标兵班组称号，授予51个单位爱国立功竞赛优秀组织单位称号。

3月3日 市总工会发出《关于成立工会劳动法律监督机构的通知》，同时下发《北京市工会劳动法律监督试行办法》和《北京市工会劳动法律监督委员会组织暂行规则》。

3月6日 北京市总工会职工职业介绍服务中心在劳动人民文化宫举行挂牌仪式，并举办首场用工求职洽谈会。

4月2日—5月30日 全市各级工会开展为期两个月的贯彻工会工作总体思路大检查。

4月8日 北京市贴心人服务队表彰会召开。市总工会对87个贴心人服务队、219名贴心人服务队队员进行表彰并颁发荣誉证书。

4月12日—18日 市机构编制委员会办公室先后批准市总工会成立北京市职工物价监督总站、北京市职工互助保险服务中心和北京市总工会职工职业介绍服务中心3个事业单位。

5月13日 北京市进一步推进平等协商和集体合同大会召开，贯彻市推进集体合同制度领导小组通过的《关于进一步推进平等协商和集体合同制度的意见》。

5月19日 市总工会办公室下发《关于成立北京工会志编委会和编辑部的通知》。22日，编委会会议召开。《北京工会志》编写工作正式启动。

6月12日 市总工会下发《北京市劳动模范、先进工作者日常管理工作细则》。该《细则》根据《北京市劳动模范、先进工作者管理工作暂行办法》制定，确定劳模日常管理工作实行分级负责制。

8月13日 市总工会作出《关于表彰先进企业劳动争议调解委员会和劳动争议调解先进工作者的决定》，对70个先进企业劳动争议调解委员会和131名劳动争议调解先进工作者予以通报表彰。

9月6日 市总工会举行北京市职业道德明星、科技明星和依靠职工办好企业的领导干部先进事迹报告会。市总工会授予李素丽等10人职业道德明星荣誉称号，授予曹钢等10人科技明星荣誉称号，授予李元征等10人依靠职工办好企业的领导干部荣誉称号。

9月23日 根据全国总工会的统一部署，全国职工队伍状况调查暨北京职工队伍状况调查开始进行。

10月7日—14日 北京市劳动模范代表团一行12人赴日本访

问。这是北京劳模首次组团出访。

10月23日 中共北京市委、市政府办公厅转发市总工会《关于全心全意依靠职工群众办好企业的意见》，要求以党的十五大精神为指导，在首都改革、发展、稳定大局中，推进党的全心全意依靠工人阶级的指导方针在基层企事业全面落实。

11月17日 全国总工会主席尉健行到市总工会听取工会工作汇报，并发表讲话。

12月 市总工会作出表彰新经济组织“双爱双评”（即企业爱职工、职工爱企业；评爱企业的优秀职工，评爱职工的优秀经营者）活动先进人物的决定，授予21个企业“双爱双评”活动先进企业称号，授予19人“双爱双评”活动优秀经营者称号，授予15人“双爱双评”活动优秀职工称号。

1998年

2月18日 中共北京市委常委会议听取市总工会工作汇报和市总工会对涉及职工利益问题向市委提出的具体建议。市委常委会决定每年研究一次至两次工会工作，市政府就涉及职工利益的问题与市总工会建立联席会议制度。

3月24日—26日 市总工会九届五次委员（扩大）会议召开。会议审议通过《认真学习贯彻党的十五大精神，坚持和发展工会工作总体思路，团结动员全市职工为首都的两个文明建设作出新贡献》的工作报告。会议进行了主要领导的人事调整，市委常委阳安江当选为市总九届委员会常委、主席，续伯聪当选为市总九届委员会常委、副主席。

4月23日 市总工会下发《关于工会促进实施“再就业工程”

的意见》，确定了深挖工会现有潜力，发挥工会群众特色，实现重点突破的工作思路，制定了“职业介绍，转岗培训，结对子帮困，拓宽就业门路、搞好社区服务，兴办工会实体、发展职工消费合作社、安置下岗职工”的五条线工作方案。

4月27日 市总工会召开全市工会系统促进再就业工作会议，推动工会系统促进再就业工作的开展。

4月28日 市总工会召开北京市职工庆祝“五一”国际劳动节大会。大会向257名先进个人颁发首都劳动奖章，向49个先进班组和单位颁发首都劳动奖状。市总工会向全国总工会推荐全国五一劳动奖章获得者30名，全国五一劳动奖状获得班组和单位9个（另产业工会系统推荐2个）。会上还表彰上年度爱国立功劳动竞赛标兵5105人，标兵班组191个，优秀组织单位50个。

5月8日 市总工会组织的由一线职工、企业管理者、科技人员、教师、文艺工作者和下岗职工先进人物组成的“劳动者之歌”先进事迹报告团在市工人俱乐部举行首场报告会。其后，报告团陆续举行报告会20多场，北京电视台两次转播，在全市职工中引起很大反响。

5月12日 市总工会依照全国总工会颁布的劳动保护三个条例，结合北京市具体情况，制定的《北京市工会劳动保护监督检查委员会工作条例》、《北京市工会小组劳动保护检查员工作条例》和重新修订的《北京市工会劳动保护监督检查员工作条例》下发各级工会施行。

6月2日 市总工会、市职工技协联合召开座谈会，宣布市总工会、市职工技协《关于表彰首批北京市十大能工巧匠的决定》，北京市建工集团六建公司张加平等10人荣获北京市十大能工巧匠称号。

7月24日 市总工会工作会议暨市工会代表会议举行。会上选举产生了出席中国工会第十三次全国代表大会的北京代表团51人。其中，北京市代表43名，全国总工会代表3名，解放军在京企业代表5名。于10月19日至24日参加了在北京召开的中国工会十三大。

9月21日　北京市职工消费合作总社及京工汇苑职工消费合作社配送中心成立。至年底，全市共有职工消费合作社861家。

9月28日　市总工会推出的大型话剧《下岗了，别趴下》在市工人俱乐部剧场举行首场演出。话剧反映了首都下岗职工的生活，讲述一位下岗女工自强不息和姐妹们重新闯出一条就业之路的故事。至年底，该剧在北京、上海、河北和江苏等省市巡演40场。

10月13日　市总工会决定，授予78个贴心人服务队北京市贴心人服务队先进集体称号，授予219名贴心人服务队队员北京市贴心人服务队先进个人称号，授予61名工会生活工作干部北京市优秀生活工作干部称号。17日，市总工会举办全市贴心人服务队表彰会暨社区服务日活动。

10月14日　市总工会召开全市工会“群体结对”帮困活动经验交流会。在全市8000多名党政工领导干部与1万多名困难职工建立联系制度的基础上，有3607个车间、班组、科室与困难职工结成帮困对子。

10月23日　市总工会下发《关于认真学习贯彻中国工会十三大精神的通知》，要求各级工会和市总工会各部门及直属事业单位，认真传达中国工会十三大精神。

10月28日　中共北京市委常委会听取市总工会关于中国工会十三大精神汇报及贯彻意见。29日，市总工会召开传达贯彻中国工会十三大会议精神大会，部署学习贯彻中国工会十三大精神的工作。

10月　市总工会授予31个基层工会北京市模范职工之家称号，

43 个工会小组北京市模范职工小家称号，授予 33 名工会主席北京市优秀工会工作者称号，授予 34 人北京市优秀工会积极分子称号，授予 13 名领导干部北京市荣誉工会积极分子称号。

11 月 5 日 市总工会与市有关部门联合召开北京市推行厂务公开、加强民主管理经验交流会。北京开关厂、首钢总公司、市邮政局、市公交总公司等单位在会上作经验介绍。

12 月 24 日 北京市工惠家政服务有限责任公司成立。

12 月 29 日 市政府与市总工会召开座谈会，互通工作情况，研究解决工会反映的涉及职工群众切身利益的一些问题。市总工会通报了工会工作，并就职工关心的热点、难点问题提出若干建议。市计委通报了 1998 年北京市经济情况和 1999 年经济工作安排，市法制办介绍了市政府年内提请市人大常委会审议通过的地方性法规和发布规章的有关情况。市政府各有关委、局、办的负责人和市总工会主席、副主席、常委等参加座谈会。

本年 随着经济体制改革的深入，企业中的富余人员不断出现，市政府在企业开展了建立再就业服务中心的工作。中心除为下岗人员提供再就业免费培训、引导再就业外，还承担着发放基本生活费、独生子女费、缴纳社会保险、报销医疗费用的工作，下岗人员享受基本生活保障制度。

1999 年

2 月 2 日 尉健行在阳安江陪同下，到北京变压器厂和清河毛纺厂考察了解企业生产经营情况，慰问一线职工。

3 月 25 日 市总工会提出关于做好职工群体性事件处理工作的预案意见及补充意见，要求各级工会高度重视职工队伍的稳定工作，把预防和妥善处置职工群体性事件作为事关改革、发展、稳定大局的大事抓好。

4月27日 市总工会举行北京市职工庆祝“五一”国际劳动节大会，向258名先进个人颁发首都劳动奖章、向47个先进班组和单位颁发首都劳动奖状。会上还表彰上年度爱国立功劳动竞赛标兵4780人、标兵班组198个。

4月30日 中共北京市委办公厅、市政府办公厅下发《北京市推行厂务公开，加强民主管理的意见》，确定了推行厂务公开的领导体制和工作格局（成立“北京市厂务公开协调小组”，由市委分管副书记为组长，市纪委书记、市总工会主席、市委组织部部长和分管副市长为副组长，市委组织部和市委各工委书记为成员），明确了厂务公开的内容和重点。5月28日，北京市召开推行厂务公开加强民主管理工作会议。

4月 市总工会在6个区的14个街道、乡镇进行新建企业组建工会试点工作。

6月9日—11日 北京市工会第十次代表大会在京西宾馆召开。出席大会的正式代表638人，特邀代表58人，列席代表54人，代表着226万名会员和438万名职工。中共北京市委书记贾庆林，全国总工会副主席、书记处第一书记张俊九，北京市市长刘淇，市人大常委会主任张健民，市政协主席陈广文等领导出席大会，贾庆林、张俊九等分别作重要讲话。大会审议通过续伯聪作的题为《高举邓小平理论伟大旗帜，团结动员全市职工为实现首都跨世纪宏伟目标而奋斗》的工作报告，选举产生市总工会第十届委员会和经费审查委员会。在市总工会十届一次委员会议上，选举产生常务委员19人；选举阳安江为市总工会主席，续伯聪、李树发、张建民、韩荣岱、侯小丽、任亚光、孙学才为副主席。经费审查委员会选举杨贵明为主任。

6月16日 《北京市总工会关于深化平等协商和集体合同的意见》下发，提出进一步深化集体合同工作的思路。

8月30日 市总工会女职工委员会三届一次委员（扩大）会议召开。韩荣岱兼任第三届女职工委员会主任。

9月16日 市总工会召开首都职工庆祝新中国成立50周年暨首都楷模命名大会，授予郭玉明等50人首都楷模光荣称号。50名首都楷模是从新中国成立以来涌现出的全市1.4万多名劳动模范和2000余名首都劳动奖章获得者中选拔出来的，是具有行业特色和时代特点的先进人物。9月27日，市总工会举办首都楷模先进事迹首场报告会。

10月2日 江泽民、胡锦涛等党和国家领导人来到劳动人民文化宫，与首都各界群众一起参加游园活动，共庆新中国成立50周年，并亲切接见参加游园活动的全国劳模代表。

10月13日 中共北京市委常委会听取市总工会关于新经济组织工会组建工作的汇报。同意成立北京市新经济组织工会组建工作领导小组。21日，中共北京市委办公厅下发《北京市新经济组织工会组建工作领导小组关于进一步加强新经济组织工会组建工作的意见》。26日，市总工会召开全市新经济组织工会组建工作会议，新建企业组建工会由试点进入全面推进阶段。

10月14日 北京市机构编制委员会办公室发函同意成立北京市总工会法律服务中心。

11月20日—12月20日 市厂务公开协调小组办公室对全市落实《北京市推行厂务公开，加强民主管理的意见》情况进行抽查。结果表明，全市80%以上的国有、集体企业和国有、集体控股企业实行了厂务公开制度。

12 月 7 日 尉健行在贾庆林和阳安江等领导陪同下到北京吉普车有限责任公司进行集体合同专题调研，并就签订集体合同问题发表重要讲话。

12 月 28 日 鉴于市政府与市总工会座谈会未能如期举行，市总工会根据拟报议题起草的《关于 1998 年市政府与市总工会议定事项的落实情况及 1999 年需要市政府帮助解决的有关问题和建议》上报市长、副市长。经刘淇等市政府领导批示后，市经委于 2000 年 2 月 1 日以《关于〈1998 年市政府与市总工会议定事项的落实情况及 1999 年需要市政府帮助解决的有关问题和建议〉的意见》致函市总工会。第一，认为市劳动和社会保障局起草的《关于进一步做好职工续订、终止劳动合同工作的意见》与市总工会《关于依法规范企业终止劳动合同工作，确保职工队伍稳定的建议》主要内容基本一致；第二，原则同意市总工会关于重点做好特困单亲女职工解困工作的建议。

本年 全市 126 个区、县、局（总公司），产业及直属基层 300 多万名职工和外地在京施工的 50 余万职工参加“迎五十年大庆，做跨世纪先锋”爱国立功竞赛活动。据统计，全市职工在竞赛中实现技术革新 2.08 万项，提出合理化建议 37.6 万件，采纳 17.8 万件，总结最佳操作法 582 件，52 万名职工参加了各种技术比赛活动。通过开展双增双节、技术革新和合理化建议等项活动，共创经济效益 32.12 亿元。市总工会表彰爱国立功竞赛标兵 2908 名，爱国立功竞赛班组 200 个，爱国立功竞赛优秀企事业单位 74 个，爱国立功竞赛优秀组织单位 49 个。

2000年

1月1日 江泽民、李岚清、丁关根、贾庆林、曾庆红等党和国家领导人，到劳动人民文化宫大殿参观并敲响中华和钟。

1月上旬 市总工会从市职工送温暖基金会基金利息中支出130万元，分配给70多个区、县、局（总公司）工会，对全市2.4万名特困职工中未能享受政府有关部门一次性补助的人员给予适当补助，并从工会经费中支出20万元，开展多种形式的送温暖慰问活动。27日，尉健行、贾庆林在市总工会领导陪同下慰问已故全国劳动模范时传祥、张秉贵的家属。

1月20日 市总工会在市工人俱乐部集会，庆祝北京市总工会成立50周年，全国总工会向大会发来贺信，阳安江作题为《继承光荣革命传统，新世纪再创辉煌业绩》的讲话，市委副书记于均波代表市委、市人大常委会、市政府、市政协向市总工会表示热烈祝贺。会上宣读了《北京市总工会关于授予北京市“优秀职工之友”光荣称号的决定》，冯俊科等209人获得“优秀职工之友”称号。

1月25日 市总工会与市劳动和社会保障局联合颁发《关于进一步做好职工续订、终止劳动合同工作的意见》。

1月28日 在人民大会堂内蒙古厅，于均波、阳安江等领导和50位首都楷模和部分在职劳模，出席2000年北京市劳动模范、先进工作者新春团拜会。

2月12日 市总工会印发《北京市总工会2000年新建企业、改制企业建会工作要点》的通知。

2月16日 市总工会印发《关于在市级机关机构改革中加强机关工会工作若干问题的意见》。

2月下旬—3月中旬 市总工会领导带队，分8路深入18个区县和部分局、总公司，对新建企业建会情况进行调研、检查。结果显示，全市新建企业建会工作已全面启动，各级工会组织领导有力，目标责任清晰，工作措施扎实，建会成效明显。

3月27日 市总工会与中共北京市委宣传部联合召开全市新建企业工会组建工作新闻发布会。

4月10日 本市规模最大、员工最多的民营企业——北京三替城市管理公司党支部和工会成立。

4月12日 市总工会在首钢总公司召开经济技术创新工程现场会，推广首钢创新最佳操作法经验。会上宣读了《北京市总工会2000年经济技术创新工程实施方案》的通知。

4月14日 市总工会印发《关于北京市出租汽车企业组建工会的意见》。

4月25日 市工人疗养院按照市总工会、市卫生局、市劳动局联合下发的《关于进一步做好劳模和先进人物身体健康工作的通知》精神，开展600名劳模健康状况检查。

4月27日 北京市劳动模范和先进工作者表彰大会在北京会议中心举行。1052名劳动模范、322名先进工作者和模范集体代表参加大会。大会向受表彰的劳动模范、先进工作者和模范集体代表颁发证书、奖牌。

4月29日 北京市总工会网站正式开通。网站以服务大局、服务基层、服务职工为宗旨，设17个栏目。

5月11日 市厂务公开协调小组召开会议，明确提出“总结经验、结合实际、抓住关键、突出重点、积极创新，在提高质量、提高水平、提高层次上下功夫”的总体要求，并与市纪委、市监察局联合下发《北京市2000年推行厂务公开工作意见》。

5月12日 新建企业组建工会工作经验交流大会召开。各区、县、局（总公司）主管此项工作的党委书记、工会主席300人参加会议。阳安江代表中共北京市委作重要讲话。

5月15日 市总工会、市质量技术监督局联合下发《关于工会法人组织申领中华人民共和国组织机构代码证的通知》。

6月7日 中共北京市委常委会听取并原则同意市总工会工作汇报。决定市总工会工作会议与工会系统职工思想政治工作会合并召开；同意筹备市政府与市总工会联席会议并使之形成制度。

6月13日 市总工会印发《关于深入学习贯彻江泽民同志“三个代表”重要思想的通知》。

7月7日 中共北京市委办公厅转发市总工会党组《关于加强新时期工会工作的意见》，规定了开展工会工作必须遵循的基本原则，确定了工会工作的主要任务。

7月19日 市总工会工作会议暨职工思想政治工作经验交流会和市总工会十届三次委员会议召开。时纯利增补为市总工会第十届委员会委员，并被选为市总工会第十届常委会委员、副主席。

8月4日 经市机构编制委员会办公室批准，北京市职工互助保障服务中心正式成立，同时撤销北京市职工互助保险服务中心。

8月10日 北京建筑业外地施工队伍工会组建工作会议在北京职工体育服务中心文苑召开。

10月23日 北京市外资企业工会联合会第一次代表大会暨成立大会举行。

10月30日 市总工会举行北京市职工计算机知识普及应用大赛开幕式。

11月17日 北京市总工会金融工作委员会成立大会召开。

11月27日 市总工会举行《世纪风采》劳模画册首发式。

11 月 30 日 市总工会、市政府经济体制改革办公室联合下发《北京市国有独资和国有控股公司职工董事职工监事制度的实施办法》，明确了职工董事、监事的权利、义务、职责和日常工作规范。

12 月 6 日 在全市工会系统贴心人服务队表彰大会和 2001 年“两节”期间送温暖动员大会上，69 个贴心人服务队先进集体和 237 名先进个人受到表彰。

12 月 7 日 市政府与市总工会联席会议召开。刘淇、于均波、阳安江、孟学农等领导分别作重要讲话。市体改办、市委工业工委、市计委、市劳动和社会保障局、市政府法制办等有关部门领导和市总工会副主席及部分常委出席会议。

同日 市总工会印发《北京市关于国有企业兼并破产中工会和职工（代表）大会工作意见》。

12 月 23 日 东城区背粪班工人最后一次清淘位于内务部街的两个死坑厕所，随后这两个厕所被填埋。北京市结束了人工背淘旱厕的历史。

12 月 28 日—29 日 市总工会十届四次委员（扩大）会议召开，审议通过《团结和动员全市职工为实现首都“十五”计划建功立业》的工作报告，要求最大限度地把广大职工组织到工会中来，最大限度地维护广大职工的合法权益，最大限度地保护、调动和发挥广大职工的积极性、创造性，动员和组织全市职工为完成北京市“十五”计划第一年的任务建功立业，在首都改革、发展、稳定的大局中更好地发挥工会的作用。

12 月 31 日 北京市各界劳动模范迎接新世纪联欢晚会在劳动人民文化宫举行。阳安江代表中共北京市委、市政府和市总工会致辞，近 200 名劳模在北京申办 2008 年奥运会的横幅上签名。

2001年

1月4日 市总工会举行“两节”送温暖活动启动仪式。市职工送温暖基金会将基金利息132.33万元，下拨困难职工较多的区、县、局（总公司）工会，统筹使用。

1月10日—23日 阳安江等市总工会领导分别看望慰问企业生产一线职工、公安干警和武警战士、文化卫生系统工作者及困难职工。

1月12日 市总工会印发《关于按照中央、市委部署深入开展与“法轮功”邪教组织斗争的通知》。

1月17日 尉健行在贾庆林、张俊九、阳安江等领导陪同下，看望慰问已故全国劳动模范时传祥、张秉贵家属和全国先进工作者、特级教师孙维刚。

2月15日 市政府办公厅印发《关于加强政府与工会联系与沟通的意见》，明确要求在市和区县两级加强政府与工会的日常联系，涉及广大职工切身利益的重大问题以及重要政策的出台要与工会协商，各级政府与工会都要建立联席会议制度。

2月23日 市总工会举行北京市职工支持申奥、开展科学健身系列活动启动仪式，发出致全市职工倡议书。300余名职工代表在签名幛上签名。

2月27日 市总工会印发《关于发挥工会组织作用，进一步团结动员全市职工开展同“法轮功”邪教组织斗争的工作意见》。

3月4日 朝阳区环卫工人张淑玲，在巡回路段制止乱扔废纸行为时，遭行为人殴打致脑震荡。4月4日，市总工会、市政管理委员会和市公安局联合下发对全国总工会、建设部、公安部《关于严肃处理侮辱殴打环卫职工事件保障环卫职工权益的通知》执行情况进行联合检查，及调整北京市维护环卫职工合法权益工作协调领导小组成员的通知。

3月5日 首都女职工“强素质，助申奥，巾帼岗位创新”活动动员大会举行。市总工会与市妇联联合下发《关于在首都女职工中开展“强素质，助申奥，巾帼岗位创新”活动的决定》。

3月14日 市总工会制定并下发《关于写字楼内新建企业工会组建工作的意见》。

3月19日—30日 市总工会在职工大学举办两期“集体合同与工资协商，坚持和完善职工董事、监事制度”培训班，区、县、局（总公司）、产业工会主席及年轻后备干部参加培训。

4月4日 北京市新建企业工会组建工作会议召开。

同日 市总工会印发《北京市总工会关于动员全市职工同毒品违法犯罪活动斗争的工作意见》。

4月27日 市总工会在民族文化宫大剧场召开首都职工庆祝“五一”国际劳动节大会。大会授予262名先进个人首都劳动奖章，授予49个先进集体首都劳动奖状；表彰了2516名经济技术创新标兵，195个经济技术创新优秀班组，10名经济技术创新优秀组织单位，98家先进企事业单位，10个计算机普及应用大赛优秀组织单位，并向他们颁发奖状和证书。

5月10日 中共北京市委宣传部和市总工会联合下发《关于加强我市新建企业建会宣传工作的通知》。

5月11日 市总工会召开首都庆祝“5·12”国际护士节暨首都优秀护士表彰大会，向55名首都优秀护士颁发荣誉证书。

5月28日 市总工会印发《关于加强科技园区、经济技术开发区、工业开发区、新兴产业区新建企业工会组建工作的意见》

的通知。

7月3日 市总工会印发《关于学习贯彻江泽民同志在庆祝中国共产党成立80周年大会上的重要讲话通知》。

7月13日 北京申办2008年奥运会成功。在申奥过程中，市总工会动员组织9000多家企事业单位的200多万名职工参加了以“万众一心促申奥，技术创新作奉献”为主题的群众性经济技术创新活动。

8月14日—16日 市总工会、市纪委、市监察局和市体改办联合召开北京市企业民主管理及厂务公开工作理论研讨会。

8月20日 市总工会、市劳动和社会保障局、市企业联合会召开协调劳动关系的三方会议。三方就《北京市劳动合同管理办法》（征求意见稿）等议题进行了讨论。

8月22日 中共北京市委常委会听取市总工会工作汇报。会议确定：同意在北京市职工中开展技术创新活动和在2002年5月举办北京市第八届职工运动会，以及关于劳模津贴发放方式问题，关于搬迁企业职工合理安置问题，关于破产企业职工自谋职业安置费问题。

同日 根据市厂务公开协调小组印发的《关于评选表彰北京市厂务公开工作先进单位和个人的通知》，共评选区、县、局（总公司）级及事业单位先进组织单位14个，基层先进工作单位67个，先进个人121名。

10月27日 九届全国人大常委会第二十四次会议审议通过《中华人民共和国工会法》修正案。11月7日，市总工会印发《北京市总工会关于认真学习宣传贯彻修改后的〈中华人民共和国工会法〉的通知》。

11月15日 市总工会与中共北京市委工业工委、市经委召开联席会议。会议通报了工业系统贯彻落实《北京市工业系统调整改制企业加强职工民主管理和工会工作的若干意见》和《关于加强市委工业工委、市经委、市总工会联系与沟通的意见》的情况；市总工会与市政协联合进行的国有企业破产过程中职工基本生活保障问题调查的有关情况；工业系统稳定工作的情况及工业系统调整、改制、职工分流工作的情况。与会人员围绕工业系统搬迁、改制企业有关职工权益问题及进一步完善三方联席会议制度问题进行了讨论。

12月13日 市政府第四十三次常务会议通过《北京市劳动合同规定》，自2002年2月1日起执行。

12月17日 市政府与市总工会联席会议召开。会议就北京市建立职工医疗保险制度情况、房改进展情况，市总工会重点工作和职工关注的热点问题，2000年联席会议决定事项的落实情况和2001年会议的四项议题进行了相互通报。会议同意，用于组织实施群众性经济技术创新活动专款在50万元的基础上，每年递增5万元；尽快出台做好搬迁、改制企业职工分流安置工作的意见；劳模津贴发放问题要提出切实可行的办法；第八届职工运动会经费按各自负担比例列入预算。

2002年

1月21日 市总工会2002年“两节”期间送温暖活动座谈会举行。会后，阳安江等市总工会领导到基层慰问困难职工。

1月 市总工会共筹措送温暖资金270万元，其中130万元购买375吨粮油分发到3万户困难职工家中。

2月5日 尉健行在贾庆林、张俊九、于均波、阳安江等陪同下，看望慰问已故全国劳动模范和先进工作者时传祥、张秉贵、孙维刚的家属。

2月6日 市总工会印发《关于转变机关作风改进工作方式的若干规定》。

2月8日 市总工会及18个区县工会开通帮扶特困职工热线电话。

2月26日 市总工会印发《关于进一步加强劳动争议调解工作的通知》。

3月6日 市总工会印发《关于非公有制企业民主管理试点工作的意见》。

3月11日 市总工会印发《北京市总工会关于开展以“建设新北京，迎接新奥运”为主题的群众性“经济技术创新工程”活动的指导意见》的通知。《意见》明确提出要实现三个目标：培养一批适应现代化建设需要的优秀人才；创造一批优秀创新成果；建立一套适应发展社会主义市场经济要求的群众经济技术工作新机制。

3月15日 为纪念“5·12”国际护士节，市总工会、市卫生局与北京电视台联合录制专题节目“银屏连着我和你，护士心语”。节目于5月9日晚在北京电视台播出。来自北京地区部属、市属及院校、军队所属几十家医院的100多名代表参加了节目的录制。

3月19日 市总工会召开实施送温暖工程10周年座谈会。60个区、县、局（总公司）工会领导参加会议。会议宣读了全国总工会实施送温暖工程先进单位和个人表彰决定。北京市有11个单位、5人受到表彰。

4月3日 全市新建企业建会工作会议召开，要求建会工作要努力实现三个转变：一是建会工作要从集中建会向常规建会转变；二是发挥工会作用要从一般性发挥向以维权为重点转变；三是工会工作方式要从计划经济体制下的传统方式向与市场经济体制相适应的方式转变。

4 月 26 日 市总工会举行首都职工庆祝“五一”国际劳动节大会。大会表彰了 254 名首都劳动奖章获得者，47 个首都劳动奖状获得单位，2537 名经济创新标兵，198 个经济技术创新优秀班组，100 家经济技术创新先进企事业单位，20 个经济技术创新工程优秀组织单位，并颁发奖状和证书。

4 月 30 日—6 月 10 日 北京市第八届职工运动会举行。

5 月 25 日 为迎接党的十六大和纪念《在延安文艺座谈会上的讲话》发表 60 周年，市总工会在中国戏曲学院举办首都职工第 20 届“五月的鲜花”歌咏比赛。

6 月 12 日 贾庆林主持召开九届中共北京市委常委会第三次会议，听取市总工会工作汇报，同意市总工会关于维护稳定、扶贫济困、贯彻落实市第九次党代会精神、积极参与奥运筹备、切实加强自身建设等项工作。

7 月 11 日 市总工会印发《关于开通北京市总工会安全卫生事故举报电话的通知》。

7 月 17 日 中共北京市委工业工委、市经委和市总工会召开联席会议，决定在 2003 年内全面解决工业系统市属企业拖欠职工工资、医药费和社会保险费（简称“三费”）问题。

7 月 18 日 北京市第十一届人大常委会第三十五次会议审议通过修订后的《北京市实施〈中华人民共和国工会法〉办法》，自 2002 年 10 月 1 日起施行。

7 月 北京市总工会职工大学、北京市总工会干部学校更名为北京市工会干部学院（北京市总工会职工大学）。9 月 24 日，北京市工会干部学院举行揭牌仪式。

8月9日 市总工会印发《关于印发〈首都职工奥运行动规划〉》的通知。

8月17日 市总工会在劳动人民文化宫举行学习、宣传、贯彻《北京市实施〈中华人民共和国工会法〉办法》咨询活动。

8月26日—10月 根据全国总工会的统一部署，市总工会开展全市职工队伍状况调查。由市总工会机关、产业工会、市工会干部学院、市社科院，以及有关区、县、局（总公司）工会干部和专家学者组成14个调查组，形成14个调查报告，获取近10万个数据和40余万字资料，全面反映了5年来全市职工队伍发展变化情况。

9月2日 中共北京市委工业工委、市经委和市总工会联合下发《关于开展市属工业企业清理拖欠职工工资、医药费和社会保险费工作的通知》。

9月3日 以日本东京都劳连副委员长安增佑一先生为团长的日本劳连访问团，应邀参加市总工会举办的“纪念中日邦交正常化30周年大会”。

9月16日 市总工会印发《关于学习宣传贯彻〈中华人民共和国安全生产法〉和工会劳动保护三个〈条例〉的通知》。

9月23日 市总工会印发《北京市总工会关于做好稳定工作建立健全各项工作机制的若干意见的通知》。

10月9日 北京市工会系统推进再就业工作会议召开。会议传达了全国、全国总工会和全市再就业工作会议精神，总结了全市工会系统开展再就业工作取得的经验和成绩，并对下一步的工作进行部署。

11月27日 市政府与市总工会召开联席会议。市劳动和社会保障局、市国土资源和房屋管理局、市总工会分别通报了本市医疗保险改革、深化房改多渠道解决企业职工住房问题和当前工会工作以及职工关注的热点问题等情况。市总工会汇报了2001年市政府与市总工会联席会议议题的落实情况和本年会议议题。会议围绕关于贯彻落实《北京市实施〈中华人民共和国工会法〉办法》，关于企业清理拖欠职工工资、医药费和社会保险费问题进行了讨论。

11月29日 市总工会举行北京市贴心人服务队表彰暨贴心人服务队成立20周年大会。表彰贴心人服务队先进集体76个，先进个人159名，优秀组织者54名。

12月6日 由市纪委、市委组织部、市总工会、市监察局、市体改办联合制定印发《北京市企业民主管理及职工代表大会（暂行）办法》，针对产权制度改革以来出现的新情况、新问题，对不同所有制企业的民主管理工作作出细化规定和分类指导。

12月25日—26日 北京市总工会十届六次委员（扩大）会议召开。会议审议通过《统一思想、凝聚力量、与时俱进、开拓创新，为首都率先基本实现现代化贡献力量》工作报告；通过关于任亚光同志不再担任北京市总工会第十届委员会副主席、常务委员会委员职务的决定。

12月30日 全市工会系统“两节”期间送温暖活动启动，阳安江带队走访慰问北京齿轮总厂两户困难职工家庭。

12月31日 北京再就业服务中心全部撤销，这是北京市建立完善市场导向就业机制的重要步骤。全市等待就业或再就业人员一律享受失业保险保障制度的政策。再就业服务中心取消后，引导、帮助失业人员的再就业工作主要由设立在各街道办事处的社保所承担。

本年 全市2000年至2002年在新建企业中已累计建会3万家，发展会员110万人，圆满完成了市总工会3年前提出的组建工会的目标任务。

2003年

1月11日—2月16日 市总工会和各区县工会职工热线电话同时开通，处理职工反映的生活困难问题，对生活难以为继的困难职工，按照有关要求给予补助。

1月22日 全国总工会主席王兆国到市总工会调研，听取2002年工作情况和2003年工作部署的汇报，并在阳安江等领导陪同下走访慰问了困难企业北京京城机电控股公司、北京起重机器厂和2户困难职工家庭，看望了已故全国劳动模范张秉贵的家属。

2月25日 市总工会印发《关于开展“十五”期间北京市工会干部轮训的实施意见》和《北京市总工会2003年干部教育培训计划表》的通知。

3月14日 北京市新建企业工会工作会议召开。阳安江作《深入学习贯彻十六大精神，努力开创新建企业工会组建工作新局面》的讲话。会议对建会工作中的60个优秀单位、57个先进单位、138名优秀个人进行表彰。

3月20日 市总工会与中共北京市委工业工委、市经委召开联席会议。通报关于限时解决清欠“三费”工作的进展情况；原则通过《关于在工业系统贯彻〈北京市企业民主管理及职工代表大会（暂行）办法〉的几点意见》。会议决定在工业系统对技术工人队伍及培训工作现状进行联合调研。

3月31日 市总工会印发《北京市总工会关于2003年同“法轮功”邪教组织斗争的工作意见》。

3月 市总工会成立“困难职工帮扶办公室”，整合信访接待、法律援助、技能培训、职业介绍、生活救助等相关工作职能，制定了工作规则和帮扶办法，建立了例会制度，开辟了帮扶困难职工的新途径。本年指导帮助顺义等4个区县建立了困难职工帮扶中心。

4月11日 市总工会举行首次新闻发布会，向各新闻媒体通报了本年全国五一劳动奖状（章）、首都劳动奖状（章）评比情况，筹备召开“首都职工纪念‘五一’国际劳动节大会”的情况，介绍了“五一”国际劳动节期间重点宣传内容，以及《首都职工奥运行动规划》实施计划等情况。

4月18日—21日 北京市非典型肺炎（简称“非典”）疫情暴发后，集中治疗“非典”患者的医院需要将常规传染病患者及时转院治疗。北京市工人疗养院完成了紧急接收82名肝炎病人并正常开展治疗护理工作的任务。

4月22日 阳安江在北京市工人疗养院听取关于接收肝炎患者的工作汇报，对疗养院配合全市做好“非典”防治工作提出明确要求，并慰问看望一线医护人员。

4月24日 阳安江等市总工会领导到北京地坛医院、北京胸科医院和北京佑安医院看望医护人员并分别送去10万元慰问金。

同日 市总工会领导慰问北京市工人疗养院全体职工，并送去慰问信和10万元慰问金。

同日 市总工会机关党委发出《关于学习中日友好医院先进事迹保持共产党员先进性和严明党纪的通知》。

4月25日 市总工会发出《关于协助党政切实做好防治“非典”工作的紧急通知》。

同日 市总工会领导到长辛店医院、402医院、朝阳妇幼保健院等单位慰问，并分别送去慰问金10万元。

4月27日 市总工会代表全市400万名职工向全市广大医务工作者发出慰问信，慰问信号召为赢得抗击“非典”的最后胜利贡献力量。

4 月 28 日 阳安江通过《劳动午报》向全市工人阶级和劳动群众发表讲话，号召全市职工和劳动群众，团结一心，众志成城，打赢防治“非典”的人民战争。

同日 市总工会领导看望抗击“非典”英雄长辛店医院护士李继英、北京胸科医院王静的家属和北京地坛医院贾双平及其家属，为这些抗击“非典”的医护工作者颁发首都劳动奖章。

同日 上海市总工会代表上海职工向北京市总工会发来慰问信，并捐赠 10 万元，向北京市广大职工尤其是奋战在防治“非典”第一线的同志们表示崇高的敬意和诚挚的慰问。

4 月 29 日 党中央、国务院在中南海怀仁堂召开庆祝“五一”国际劳动节全国劳模座谈会。北京市的全国劳模、全国五一劳动奖章获得者、全国五一劳动奖状获得单位的代表 30 人受到中央领导的亲切接见。

同日 市总工会决定：授予北京佑安医院、北京友谊医院防治“非典”医疗队等 23 个先进单位和集体首都劳动奖状，授予姜素椿等 17 名同志首都劳动奖章。

同日 市总工会办公室下发《关于开展慰问和捐助工作为医护人员送温暖、献爱心的通知》。

5 月 1 日 市总工会下发《关于开展“支前行动”为战斗在抗击非典型肺炎一线的“白衣战士”解除后顾之忧的工作意见》，号召全市各级工会广泛开展为白衣战士解“三忧”（孩子看护之忧、老人照顾之忧、生活不便之忧）为主要内容的支前行动。

5 月 7 日 《北京市劳动模范名册》编撰完成。名册包含 1952 年至 2000 年中共北京市委、市政府表彰奖励的北京市劳动模范、先进生产者共 25 项次，22965 人次。

5月11日 市总工会领导到地铁培训中心、地税培训中心看望、慰问在此休整的抗击“非典”一线的医护人员，赠送2万元电话充值卡。

5月12日 市教育工会领导出席北大医院防治“非典”医疗队庆“5·12”国际护士节暨新党员宣誓大会，为防治“非典”一线的先进单位和个人颁发首都劳动奖状和首都劳动奖章，向北大医院医学部工会捐款2万元。

5月20日 市总工会印发《北京市工会信访工作暂行办法》的通知。

6月13日 市总工会召开北京市工业系统“抗非典、夺胜利，促发展、作贡献，夺取抗击非典和经济发展双胜利竞赛活动”动员大会。会上，首钢总公司工会代表工业系统16个局（总公司）、控股（集团）公司工会宣读致全市工业系统职工倡议书。

6月17日 市总工会印发《北京市总工会关于兴起学习贯彻“三个代表”重要思想新高潮的通知》。

6月26日 市总工会印发《关于后“非典”时期工会参与协调劳动关系的意见》。

7月1日 市总工会印发《关于表彰在“抗击非典支前行动”中表现突出的优秀组织单位、先进集体和先进个人的通知》。

7月2日 市总工会印发《关于动员和组织全市职工深入开展“迎难而上促发展，创新立功比贡献”活动的意见》。

7月8日 市总工会十届七次委员（扩大）会议召开。王北平同志当选为北京市总工会第十届委员会副主席。会议还选举了出席中国工会十四大的代表，于9月22日至26日参加了在北京召开的中国工会十四大。

同日 市总工会决定，授予东城区工会等44个单位“北京市

‘抗击非典支前行动’优秀组织单位”称号；授予北京佑安医院工会等180个单位“北京市‘抗击非典支前行动’先进集体”称号；授予首钢工会艺术团颜爱华等288名同志“北京市‘抗击非典支前行动’先进个人”称号。

7月10日 市总工会举办“抗击‘非典’先进事迹报告会”。北京佑安医院院长赵春慧、北京胸科医院院长黄卫祖、北京急救中心党委书记汤旗、北京地坛医院党委书记刘建英4位同志介绍了所在单位广大医护人员在抗击“非典”中的英雄事迹。

7月12日—13日 市总工会主办的首都职工“科学健身迎奥运，争做文明北京人”活动启动仪式在劳动人民文化宫举行。

7月18日 北京市外地在京施工企业工会联合会成立。

8月3日 市总工会、中共北京市委城建工委、市建委联合印发《关于加强在京外地施工企业工会组织建设的意见》。

8月6日 市总工会和市政协办公厅联合下发关于开展贯彻落实《北京市实施〈中华人民共和国工会法〉办法》依法治会，依法维权专项调研的通知。

8月13日 北京市职工文化协会成立。

9月16日 北京市工运理论研究会成立。

9月22日 市总工会、市国家税务局、市地方税务局联合印发《关于拨缴工会经费税前列支的通知》。

9月24日 市总工会、市职工技术协会决定：授予张德久等10位同志“北京市职工十大科技创业带头人”称号，授予郭建国等10位同志“北京市职工十大技术创新带头人”称号，授予杨才胜等10位同志“北京市十大能工巧匠”称号。

9月30日 市总工会印发《关于深入学习贯彻中国工会第十四次全国代表大会精神的意见》。

10月26日　全国总工会、市总工会在王府井大街联合举办“为实现公平和正义——法律援助在工会”大型咨询活动。

11月12日　市政府与市总工会召开联席会议。听取市国资委关于北京市2004年国有资产监督管理体制改革计划，市总工会关于重点工作进展情况及职工关心的热点问题，2002年市政府与市总工会联席会议议定事项落实情况和2003年会议议题的汇报。

12月24日　市总工会、市国资委、市建委、市劳动和社会保障局联合召开北京市清理“三欠”工作座谈会。市国资委等政府相关部门通报了清理拖欠职工工资、医药费和社会保险费工作情况。

12月25日　市总工会、市劳动和社会保障局、市企业联合会/市企业家协会召开协调劳动关系三方会议。共同研究《北京市工资支付规定》的宣传贯彻意见；审议了《关于进一步加强和规范北京市劳动关系三方机制的意见》；还就某企业非法解除基层工会主席职务案件的处理问题，共同进行了研究。

12月29日　市总工会十届八次委员（扩大）会议召开。会议审议通过《围绕大局、服务大局，与时俱进、求实创新，努力开创工会工作新局面》工作报告；审议通过《关于召开北京市工会第十一次代表大会的决议》、《关于韩荣岱同志不再担任北京市总工会第十届委员会副主席、常务委员会委员职务的决定》。

同日　2004年北京市工会系统“两节”期间送温暖活动启动仪式在古船面粉厂举行。市总工会共筹措300万元用于2004年“两节”期间送温暖活动。其中150万元下拨到区、县、局（总公司）用于生活困难职工，130万元购买粮油用于特困职工，20万元用于市总工会送温暖活动。

2004年

1月1日 经中国职工保险互助会批准，市总工会决定在全市范围内实施《在职职工住院医疗互助合作保险》计划，职工住院医疗费用在医保报销基础上由互助保险北京办事处支付自付部分的70%。该计划的推出，进一步完善了多层次医疗保险体系，缓解了职工因病造成的经济困难。

1月6日 市总工会下发《关于印发〈北京市总工会关于新时期深入开展建设职工之家活动的实施意见〉的通知》。

1月8日 市总工会举办北京市首次建筑业进城务工人员迎新春座谈会。

1月13日 王兆国等全国总工会领导在阳安江的陪同下，到北京轻型汽车有限责任公司慰问一线职工，并看望已故全国劳动模范张秉贵的家属。

1月15日 阳安江等市总工会领导来到在工作岗位感染“非典”的北京佑安医院护士长朱伟平家中，表达了中共北京市委、市政府和市总工会的问候和祝福。市总工会领导还先后看望了朝阳医院、积水潭医院部分感染“非典”的医护人员，为他们送去鲜花和慰问品。

1月16日 北京市教育工会法律援助中心挂牌仪式在中国政法大学研究生院举行。

1月30日 市总工会印发《关于进一步加强新时期职工体育工作的意见》。

2月27日 全市“创建学习型组织，争做知识型职工”活动（简称“创争”活动）领导小组会议召开。市总工会等9家单位联合下发《关于在全市深入开展“创建学习型组织，争做知识型职工”活动进一步加快首都职工队伍知识化进程的实施意见》。

3月1日 市总工会印发《关于国有中小企业改制过程中职代会工作需要明确的几个问题的通知》。

3月16日 市政府办公厅与市总工会成立联合检查组，对各区县政府贯彻《关于加强政府与工会联系与沟通的意见》的落实情况进行检查。

3月17日 市总工会印发《北京市总工会关于2004年集体合同工作的意见》。

3月19日 市机构编制委员会办公室批准，同意北京职工国际旅行社更名为北京市总工会职工疗休养服务中心。

4月30日 市总工会举行首都职工庆祝“五一”国际劳动节大会。首都劳动奖章、奖状获得者代表，经济技术创新工程优秀组织单位，劳动模范以及首都各界职工代表，工会干部800人参加大会。

6月4日 市总工会印发《关于组织参加“建北京有我一份，办奥运有我一功”——来京务工人员与首都文明同行系列活动的通知》。

6月13日—16日 北京市工会第十一次代表大会在京西宾馆召开。参加这次代表大会的有正式代表643人，特邀代表45人，列席代表35人。中共北京市委书记刘淇，全国总工会副主席、书记处第一书记张俊九，市委副书记、市长王岐山，全国总工会副主席孙宝树，市委副书记强卫，市委副书记、市总工会主席阳安江，市委常委、常务副市长翟鸿祥等领导出席大会开幕式。大会审议通过阳安江作的题为《努力实践“三个代表”重要思想，团结动员全市职工，为实现“新北京、新奥运”宏伟目标而奋斗》的工作报告，选举产生市总工会第十一届委员会和经费审查委员会。在市总工会十一届一次委员会议上，选举产生常务委员 21 人，选举阳安江为市总工会主席，张建民、侯小丽、孙学才、时纯利、王北平、郑建华、原增锁、霍连明为副主席。经费审查委员会选举侯小丽为主任。

7 月 1 日 市总工会印发《关于认真贯彻〈国务院关于进一步加强安全生产工作的决定〉加强工会劳动保护工作的意见》。

7 月 3 日 全国总工会、市总工会在劳动人民文化宫联合举办《劳动法》、《工会法》宣传咨询活动，纪念《劳动法》颁布 10 周年。

7 月 5 日 市总工会印发《关于切实维护建筑业进城务工人员劳动权益若干问题的意见》。

7 月 8 日 市国资委与市总工会召开联席会议。会议研究通过《关于建立市国资委与市总工会联系与沟通制度的意见》，联合下发《关于在企业改制过程中进一步加强工会工作维护职工合法权益的几点意见》；确定市国资委与市总工会联合开展“关于国有企业深化改革维护稳定工作中如何发挥职代会和职工代表作用的调查”的建议。

7 月 15 日 市总工会召开劳动保护工作会议。会议表彰了 2003 年度“安康杯”优胜企业和优秀组织单位以及优秀劳动保护监督检查员、优秀工会劳动保护监督检查委员会、优秀工会小组劳动保护检查员。

7 月 20 日—22 日 全国厂务公开民主管理调研检查组到北京市检查指导工作。总体评价是：领导重视、部署得当、推进有力、效果明显、方向明确、前景令人鼓舞。

7 月 25 日 全国总工会、国家劳动和社会保障部、市总工会、市劳动和社会保障局在劳动人民文化宫联合举办《最低工资规定》

宣传周活动启动仪式。

8月17日 市总工会召开主席办公会，审议并通过首都庆祝国庆55周年劳动人民文化宫游园分指挥部总体方案。

9月3日 市政府决定：授予冯坤、张怡宁、滕海滨、王旭、罗微、江永华等6名优秀运动员北京市劳动模范称号。

9月8日 北京市职工庆祝新中国成立55周年——《光影色彩颂中华》摄影展开幕式在劳动人民文化宫举行。

同日 市总工会印发《关于各级工会协助党政继续做好清理拖欠进城务工人员工资工作的通知》。

9月9日 市总工会印发《关于进一步规范并购国有企业过程中职工（代表）大会工作程序的意见》。

9月24日 北京市职工庆祝新中国成立55周年文艺演出暨第六届职工艺术节闭幕式举行。

10月1日 吴邦国、黄菊等党和国家领导人在市人大常委会主任于均波等领导的陪同下，到劳动人民文化宫与市民一起参加游园活动。

10月8日 市总工会印发《关于实施首都职工素质教育工程的通知》。

10月10日 市总工会印发《关于认真学习贯彻党的十六届四中全会精神的通知》。

同日 市总工会女职工委员会四届一次委员（扩大）会议召开。郑建华兼任第四届女职工委员会主任。

10月15日 市总工会“12351职工热线”正式开通，并开通职工热线电子邮箱。

10月19日 市总工会印发《北京市总工会关于做好稳定工作建立健全各项工作机制的若干意见》。

11月9日 市总工会印发《关于进一步加强劳动模范健康管理的意见》。

11月16日 市总工会召开首都职工素质教育工程领导小组会议，通报首都职工素质教育工程前期准备情况。

11月24日 阳安江和副市长孙安民带队，市总工会、市建委、市劳动和社会保障局到建筑工地，就清欠来京务工人员工资情况进行联合检查。

11月26日 首届“北京工会讲坛”在北京市工会干部学院启动，阳安江作题为《加强党的执政能力建设与工会工作》报告。

12月8日 市政府与市总工会召开联席会议。会议通报了2004年安全生产工作情况、建筑业农民工管理与维权工作情况，通报了市总工会主要工作情况、当前职工关注的热点问题和2003年联席会议事项落实情况，并提出本年会议议题。会议还就2005年劳模大会奖励工作和进一步加强“安康杯”竞赛活动两项议题形成决议。

12月15日 市总工会召开北京市组织实施首都职工素质教育工程动员大会。北京市“创争”活动领导小组组长阳安江、全国总工会副主席黄彦蓉在会议上讲话。

12月27日 市总工会与市政协社法委召开座谈会，就加强信息沟通，提高政协工会界委员提案质量，加强工会维权能力建设进行座谈。

本年 为深入贯彻中国工会十四大精神，广泛宣传北京市工会第十次代表大会以来工会工作创新的成就，进一步推动全市工会工作开创新局面，市总工会于北京市工会第十一次代表大会召开前夕，在全市各级工会和职工中开展“北京市工会工作创新成果”的评选活动。“抗击非典支前行动”，清理拖欠职工工资、医药费和社会保险费工作，修订《北京市实施〈中华人民共和国工会法〉办法》，建立政府与工会联席会议制度等12项工作获得创新成果奖。

2005年

1月6日 市总工会在门头沟区体育中心举行“送温暖活动”启动仪式。“两节”期间，市总工会安排270万元资金用于送温暖活动，其中130万元下拨到困难职工较多的区、县总工会和局（总公司）工会，120万元购买275吨粮油，发放给2.2万户困难职工，20万元用于市总工会领导进行的各项慰问活动。

1月7日—8日 市总工会十一届二次委员（扩大）会议召开，审议通过《北京市总工会关于加强工会维权能力建设的若干意见》。

1月17日—20日 首都职工素质教育工程领导小组分别召开18区县、工业系统座谈会，全面推介、解读首都职工素质教育工程。

1月27日 市总工会召开保持共产党员先进性教育活动动员大会。

2月2日 阳安江等市总工会领导到地坛医院，看望曾在“抗击非典”一线战斗的医护人员。

2月3日 市总工会印发《北京市总工会关于聘用街道乡镇工会助理员的意见》，决定在区县建立街道、乡镇工会助理员制度。至年底，全市18个区县总工会共聘用176名工会助理员。

2月6日 市总工会召开座谈会，纪念北京市总工会成立55周年。同时举行《北京志·工人组织志》首发式。

3月11日 市协调劳动关系三方协商会议召开。会议决定建立三方机制专门工作机构，各区、县也将建立相应机构。会议还就市总工会提出的《关于建立工资集体协商指导员制度的意见》和《2005年调整劳动关系形势和任务》进行了研讨。

同日 北京市厂务公开第五次工作会议召开。会议提出了“党委领导，行政主体到位，工会主动配合，纪委监督检查，职工积极参与”新的领导体制和工作机制。会后，市厂务公开协调小组印发了《落实厂务公开“行政主体到位”和“两书一查”制度的实施意见》。

3月29日 市总工会印发《关于做好工会系统组织实施首都职工素质教育工程的通知》。

4月20日 北京市“安康杯”竞赛组委会召开2004年度“安康杯”竞赛总结表彰大会。会上，对获得全国“安康杯”的北京市优胜企业进行表彰。市总工会还授予京煤集团化工厂和北京城建集团十公司首都劳动奖状。

4月29日 北京市劳动模范和先进工作者表彰大会举行。大会宣读了《北京市人民政府关于授予北京市劳动模范、北京市先进工作者和北京市模范集体称号的决定》，向950名北京市劳动模范和先进工作者代表颁发奖章和荣誉证书，向209个模范集体代表颁发奖牌。

同日 市总工会、市国资委在劳动人民文化宫召开纪念时传祥诞辰90周年劳模座谈会。

5月9日 首都职工素质教育工程第一期通用能力培训开学典礼在市总工会职工大学举行，阳安江出席典礼并讲话。

5月24日 市总工会印发《北京市总工会关于构建和完善工会帮扶体系，进一步加强困难职工帮扶工作的意见》。

6月6日 市总工会召开“北京市部分国有企业收入分配问题调研”工作部署会。

6 月 30 日　市总工会党组研究决定，成立北京市总工会工会资产监督管理委员会。

7 月 13 日　全国总工会、市总工会、市建设委员会、市 2008 工程建设指挥部办公室共同发起的奥运工程建设劳动竞赛活动在国家体育场工程工地拉开帷幕。启动仪式上宣读了《关于开展奥运工程建设劳动竞赛的决定》。

7 月 15 日　市总工会召开十一届三次委员会议暨半年工作会议。会议总结上半年工作，部署下半年任务；审议通过《北京市总工会关于成立生活保障工作委员会、劳动保护监督检查工作委员会和法律工作委员会的意见》、《北京市总工会第十一届委员会提案工作制度》，提出了《北京市总工会关于基层工会评议市总工会工作的办法》。

7 月 18 日　北京市非公有制企业创建劳动关系和谐企业活动动员大会召开。市和区县两级统战部、总工会、工商联、私个协，北京外资企业协会和外资企业工会联合会，各局（总公司）工会负责同志，部分外资企业和私营企业的经营者和工会干部共 200 人到会。

7 月 22 日　《北京市集体合同条例》由北京市第十二届人民代表大会常务委员会第二十一次会议通过，自 2005 年 11 月 1 日起施行。27 日，市总工会印发关于认真宣传贯彻《北京市集体合同条例》的通知。

7 月 28 日　由市总工会主办的本市第一所市级医疗康复服务机构“北京市康复中心”及配套的“北京西山医院”挂牌成立。

8 月 16 日　市总工会印发关于实施《职工重大疾病团体互助保险计划》的通知。17 日，北京市工会系统“职工重大疾病团体互助保险计划”全面启动。

8 月 20 日 2005 年北京市职工数控技能大赛举行，全市数控专业及相关专业、工种的近 500 名职工参赛。

8 月 22 日 市总工会印发《关于高度重视和积极防范境外势力渗透我工会组织的通知》。

9 月 6 日 由市委教育工委、市教委、市教育工会共同举办的“北京市师德论坛”在北大英杰交流中心举行。首都师范大学教授、博士生导师欧阳中石，清华大学副校长、教授、全国劳动模范康克军等七位教师分别就师德建设的现状、师德在青少年和大学生学习成长中的作用等作了研讨发言。从此至 2012 年，基本上每年教师节前后举办该论坛，共举办七届。

9 月 8 日 市总工会、市劳动和社会保障局、市企业联合会共同召开贯彻《北京市集体合同条例》大会。市总工会对《条例》的内容作了重点解读，对各级工会学习、宣传、贯彻《条例》提出具体要求。

同日 中国职工保险互助会北京办事处出资 100 万元建立市总工会“金秋助学金”。

同日 市总工会在首钢总公司召开“金秋助学”现场会，向 6 名特困家庭受助大学生代表赠送捐助款和学习用品。

9 月 23 日 北京市劳动模范协会成立大会举行。

10 月 11 日 市总工会召开北京市“创争”活动暨首都职工素质教育工程总结表彰大会。

10 月 14 日 市总工会、市劳动和社会保障局、市企业联合会召开工资集体协商现场会。

10 月 18 日 市总工会印发《北京市总工会关于认真学习贯彻党的十六届五中全会精神的通知》。

11 月 1 日 《北京市集体合同条例》正式施行。市总工会、市劳动和社会保障局、市企业联合会在北京职工体育服务中心联合举办大型咨询活动。

11月9日　市总工会技术英才网正式向社会开放。

11月24日　市总工会与长城人寿保险股份有限公司共同启动“关爱劳模工程”。

11月26日　市总工会在劳动人民文化宫举行以“遏制艾滋，履行承诺”为主题的预防控制艾滋病大型宣传咨询活动。

12月1日　市总工会印发关于学习贯彻《中共北京市委办公厅、北京市人民政府办公厅关于转发北京市总工会党组〈关于维护职工权益稳定职工队伍的意见〉的通知》的通知。

12月2日　市总工会在北京职工体育服务中心举行2006年送温暖活动暨“献手足情，暖职工心”募捐活动启动仪式。

12月16日　市政府与市总工会召开联席会议，就维护职工合法权益、保证企业工资收入分配公平公正，切实推进首都职工素质教育工程和举办北京市第九届职工运动会3项议题进行讨论并形成决议。

12月21日　市政协和市总工会召开座谈会，通报政协工会界2005年工作及2006年工作计划，市总工会通报了2006年全市工会重点工作。

12月22日　阳安江等市总工会领导到北京大学附属肿瘤医院看望因病住院治疗的北京大学孟二冬教授，代表中共北京市委、市政府和市总工会对孟二冬表示亲切关怀和慰问。

12月29日—30日　市总工会十一届四次委员（扩大）会议召开。会议首次启用委员会提案制度和评选年度工作成果评价机制。

2006年

1月5日 市总工会在密云县举行2006年“两节”送温暖粮油发放仪式，为密云县1000多户困难职工送去13吨粮油和6万元慰问金。

1月9日—28日 市总工会领导分别带队深入建筑、商业、通讯等企业一线慰问广大职工，看望了全国劳动模范、教师、艺术家、农民工、困难职工，送去节日的问候。

1月10日 市总工会召开十一届常委会第九次会议，传达《中共北京市委关于尤兰田、阳安江同志职务变动的通知》，听取、审议并原则同意市总工会组织部提出的“关于尤兰田同志替补为市总工会第十一届委员会委员和阳安江同志不再担任北京市总工会第十一届委员会委员、常委、主席职务的决定（草案）”。

1月11日 市总工会下发《北京市总工会关于切实加强依法维护农民工合法权益工作的通知》，将维护农民工权益列为全年工作重点，强调维护农民工的经济权益和精神文化权益。

1月12日 市总工会召开十一届五次委员会议，选举中共北京市委常委尤兰田为市总工会主席。

1月19日 市总工会、市科委共同举办2005年北京市职工数控技能大赛表彰大会。3名选手获五一劳动奖章提名，18名选手获北京市“经济技术创新标兵”称号，18名选手获得技师职业资格，27名选手获高级技工职业资格，94名选手获优秀奖励。

1月20日 市总工会与市卫生局领导一同慰问北京胸科医院曾在2003年抗击“非典”战斗中不幸被感染的7名医护人员。

1月20日—22日 市总工会、市建委开展“农民工故乡行”

慰问活动。慰问团先后到达湖北省安陆市、孝感市，河南省安阳市滑县等地慰问获得劳动模范称号和被评为“北京市外来务工人员文明百星”的农民工以及困难职工和亲属。

1月22日　全国总工会、市总工会共同举行“工会与农民工心连心”春节慰问演出。

2月18日　北京市“劳动合同宣传月”活动在工人俱乐部启动。“劳动合同宣传月”新闻发布会暨劳动合同制度法规政策大型现场咨询活动同时举行。

2月23日　市总工会召开北京市工会国际暨台港澳工作会议。

3月22日　市总工会和全市第一家职工互助保险代办处——京城机电控股公司工会共同举办以“十年互助共创辉煌”为主题的座谈会，回顾北京职工互助保险工作走过的10年历程。

3月28日　市安全生产监督管理局、市总工会、市公安局、市监察局、市人民检察院联合召开新闻发布会，颁布出台《关于依法严肃追究生产安全事故责任和移送涉嫌刑事犯罪案件的意见》。

3月31日　市总工会召开学习贯彻中共中央总书记胡锦涛关于树立社会主义荣辱观重要讲话精神座谈会。

4月4日　市总工会印发《北京市总工会关于开展社会主义荣辱观学习宣传教育实践活动的通知》。

4月10日　市总工会印发《关于“十一五”期间广泛开展“当好主力军 建功‘十一五’创新促发展 建设新北京”职工创新竞赛活动的实施方案》的通知。

4月17日　市总工会召开北京市“安康杯”竞赛总结表彰大会，授予中铁十六局一公司、市燃气集团输配分公司和市自来水集团第九水厂首都劳动奖状称号。

4月20日　市总工会庆祝职工互助保险成立10周年暨职工互

助保险研讨会召开。记录北京职工互助保险10年历程的书籍及光盘《十年——互助保险　互助情深》首发。

4月21日　市总工会召开表彰2005年为首都经济建设和社会发展作出突出贡献的先进个人和先进集体大会。向郭庆兴等287名先进个人颁发首都劳动奖章；向北京燕京啤酒集团公司、北京首汽股份公司于凯车队等57家企事业单位和班组颁发首都劳动奖状。

4月24日　市卫生局、市总工会和市安全生产监督管理局联合召开职业卫生示范企业表彰会，对在认真贯彻《中华人民共和国职业病防治法》，保护职工健康权益的工作中取得突出成绩的15家企业授予北京市职业卫生示范企业称号。

4月25日　40户住房困难的老劳模拿到廉租房号。

4月27日　中国教科文卫体工会、市总工会、文化部直属机关工会联合主办的“你的劳动，我们感动”庆五一慰问农民工专场演出在航天部二院剧场举行。来自首都重点建设项目工地的900多名农民工欢聚一堂，共同庆祝“五一”国际劳动节。

4月29日—6月27日　北京市第九届职工运动会举行。

5月16日　首都职工素质教育工程网站正式开通。网站设置工程情况介绍、教学支持服务等7个板块。

5月24日　市总工会召开全市工会助理员工作总结表彰会。会议对助理员工作进行了全面总结，表彰了全市先进及优秀街道、乡镇工会助理员。

5月26日　市协调劳动关系三方召开工作会议，全面总结了市协调劳动关系三方会议制度建立近5年来的工作，部署下一阶段的工作任务，对获得全国协调劳动关系先进单位和优秀个人进行了表彰。

6月6日　北京市“安康杯”竞赛现场经验交流会在华北电网

公司十三陵蓄能电厂召开。

6月20日 市总工会举行“向农民工送文化行动”电影放映机赠送仪式，向城八区总工会工人文化宫、俱乐部各赠送电影放映机一套。

6月22日 市总工会、市安全生产监督管理局、市建委联合印发《关于组织来京施工企业和农民工参加北京市“安康杯”竞赛活动的意见》，并于7月6日召开了“安康杯”竞赛动员大会。

6月26日 北京市首家农民工业余学校在北京市总工会职工大学举行揭牌仪式。

7月12日 市总工会印发《北京市总工会关于进一步促进就业再就业工作的意见》。

7月19日 以“建设和谐北京，共创美好家园”为主题，由市总工会、市建委和首都精神文明办联合举办的百场电影进工地慰问活动，在工人体育场中建一局总承包工地启动。

8月4日 劳动人民文化宫太庙大殿区大修工程正式开工。这一工程得到国家文物局、市政府和市文物局的支持。

8月22日 市国资委与市总工会召开联席会议，就《关于在市属国有及国有控股企业开展工资集体协商调研及试点工作的方案》和《关于进一步深化厂务公开民主管理工作意见》进行研讨并形成一致意见。

8月25日 市总工会举行全市工会学习贯彻《企业工会工作条例》专题报告会。

8月29日 北京沃尔玛百货有限公司宣武门分店工会举行成立大会，73名沃尔玛职工加入工会组织。

9月13日—15日 市政协与市总工会联合开展《北京市集体合同条例》实施1周年专项调研。

9 月 18 日　全国总工会、市总工会、市建委、市 2008 工程建设指挥部办公室联合召开奥运工程建设劳动竞赛第一阶段总结表彰大会。3 个先进集体获全国五一劳动奖状，8 名先进个人获全国五一劳动奖章；10 个先进单位获首都劳动奖状，20 名先进个人获首都劳动奖章，同时表彰了一批奥运工程优秀建设者。

10 月 10 日　中共北京市委组织部与市总工会联合召开北京市非公企业党工共建工作暨经验交流会，并就年底前全市非公企业党工共建工作作出明确部署。

10 月 16 日　市总工会、丰台区总工会在丰台工人俱乐部签署协议，决定在丰台区总工会所属东铁营文化宫建立北京市总工会困难职工帮扶中心。

10 月 18 日—26 日　市总工会领导深入京煤集团木城涧煤矿、125 厂、首钢总公司、首发集团京沈高速公路分公司等 10 个区、县、局（总公司）的 12 家企业，调研检查《企业工会工作条例》贯彻落实情况。

11 月 19 日—25 日　市总工会赴湖北、河南慰问在京务工的农民工亲属并进行调研，与当地的省、市级总工会和建委就维护农民工权益的情况进行沟通。

12 月 1 日　市总工会召开萧明诞辰 110 周年纪念会，缅怀这位新中国成立初期曾担任市总工会主席的老一辈工人运动活动家。

12 月 3 日　全国总工会、北京市总工会共同举办“五五”普法启动仪式暨法律宣传咨询活动，全面启动了工会系统新一轮普法工作。

12 月 13 日　市总工会召开 2007 年“两节”送温暖动员暨先进表彰大会。35 个单位获北京市工会实施送温暖工程先进单位称号，61 个单位获北京市工会贴心人服务队先进集体称号，122 人获北京市工会贴心人服务队先进个人称号。

2007年

1月8日—9日 市总工会十一届七次委员（扩大）会议召开，审议通过《围绕中心，突出重点，狠抓落实，创新发展，为构建和谐社会首善之区作出新贡献》的工作报告。会议替补了市总工会委员，选举了市总工会副主席。

1月11日 市总工会、市运输管理局、市劳动和社会保障局、市建委和北京铁路局5家单位联合召开北京市春运返乡农民工计划购票工作会。

1月19日 北京职工帮扶中心成立并举行揭牌仪式。全市工会系统2007年“两节”送温暖活动同时启动。

同日 市总工会向全市公布市总工会和各区县总工会职工热线电话，从即日起，接受农民工关于工资支付问题的投诉。

1月23日 市总工会农民工业余学校第一个培训基地在北京二建十八项目部顺义马坡基地揭牌成立。

1月26日 市总工会印发《北京市总工会关于建立工会服务站的意见（试行）》，要求在单位相对集中、职工人数较多的街道（乡镇）或社区（村镇）、商务楼宇、开发区（科技园）等区域建立工会服务站。

2月5日 市总工会、市建委、市劳动和社会保障局、北京铁路局、市运输管理局联合举行农民工平安返乡欢送仪式。全国总工会书记处第一书记、副主席孙春兰和铁道部、市政府、市总工会有关领导出席欢送仪式。

同日 市总工会召开区县系统工会工作会议，就建立工会服务站、聘用劳动保障协管员工作进行全面部署，要求在两年内，分批设立 100 个工会服务站，同时聘用 1000 名劳动保障协管员，加强街道、乡镇工会工作。截至 2007 年底，共建立工会服务站 91 个，聘用从事工会工作的劳动保障协管员 300 余名。

2 月 8 日　孙春兰到新成立的北京职工帮扶中心视察，并走访慰问了全国劳模和困难职工家庭。

3 月 1 日　市总工会以“创造、展现、和谐、快乐”为主题，在市工人俱乐部召开纪念“三八”国际妇女节暨表彰先进大会。大会表彰了 165 名首都女职工创新之星、81 个女职工创新集体，以及先进女职工工作者和先进女职工组织。同时授予 30 多名关心支持女职工工作的有关单位领导和社会人士“女职工之友”荣誉称号。

3 月 22 日　市总工会在北京会议中心召开 2006 年“创争”活动总结表彰暨“迎奥运、讲文明、树新风”争做首都文明职工动员大会。市总工会向全市职工发出“迎奥运、讲文明、树新风”争做首都文明职工活动的倡议。

3 月 31 日　市协调劳动关系三方共同举办的“劳动合同宣传月”活动启动。

4 月 6 日　全市工会组织工作会议召开。会议确定年内建会和发展会员以开发区、外商（港澳台）投资企业、私营企业和农民工为重点。会上，沃尔玛百货有限公司在北京的 3 家分店工会等获得全国总工会颁发的建会工作奖励和工会经费奖励；会议向全市“十五”期间工会干部教育培训工作的先进单位和个人，以及在工会“建家”活动和“双爱双评”活动中获得荣誉称号的单位、个人颁发奖牌和证书。

同日　《首届农民工“一封家书”征文书信集》举行首发仪式。

4 月 12 日　北京市创建和谐劳动关系总结表彰大会召开。大会宣读了《关于表彰北京市和谐劳动关系单位、和谐劳动关系工业园区的决定》，并向获得2006年和谐劳动关系单位和工业园区称号的单位和工业园区代表颁发奖牌。

4月26日 市总工会印发《关于颁发“首都劳动奖章”“首都劳动奖状”表彰2006年群众性“经济技术创新工程”先进个人和先进集体的决定》。授予李树春等276人首都劳动奖章，北京公交集团公司第六客运分公司1路车队等63个集体首都劳动奖状；授予张进福等2263人“经济技术创新标兵”称号，授予北京住总集团住二公司奥运工程项目部等138个班组“经济技术创新优秀班组”称号，授予首钢股份公司炼铁厂等81家企事业单位“经济技术创新先进企事业”称号，授予华北电网有限公司经济技术创新工程领导小组等35个单位“经济技术创新工程优秀组织单位”称号。

4月27日 由市总工会主办，职工和专家共同创作的大型组歌《劳动颂歌》在北京21世纪剧院上演。

4月28日 市总工会、崇文区总工会共同在龙潭湖公园举办时传祥精神代代相传大型展览，共同缅怀老一代劳动模范艰苦创业、拼搏奉献的光荣业绩。

4月30日 市总工会召开庆“五一”座谈会。会前，刘淇、王岐山、尤兰田等领导亲切接见北京市全国五一劳动奖章、奖状获得者，首都劳动奖章、奖状获得者代表，经济技术创新工程优秀组织单位代表，“安康杯”竞赛先进集体和个人代表，并合影留念。

5月10日 市国资委与市总工会召开联席会议，围绕深入贯彻《企业工会工作条例》，全面推进工资集体协商，对劣势国有企业退出工作中开展维护职工合法权益确保企业稳定等议题进行了讨论。

5月25日—26日 由市总工会主办，市工运理论研究会与市劳动和社会保障法学会承办的“2007年北京工会论坛”举行。本次论坛分为专题报告、大会发言、专家点评、答疑互动、会议总结五个单元。与会人员以“工会与和谐劳动关系”为主题，围绕构建和谐劳动关系、劳动合同与劳动争议处理制度、构建和谐劳动关系中的工会工作展开讨论。首届“北京工会论坛”于2004年举办，至2010年共举办七届。

5月29日 市总工会、市国资委联合印发《关于在国有及国有控股企业进一步贯彻落实〈企业工会工作条例〉的通知》。

6月1日 北京市首家街道工会服务站——西城区金融街街道工会服务站正式挂牌成立。

6月5日 根据全国总工会的统一部署，市总工会印发《关于开展2007年北京市职工队伍状况调查的通知》。市总工会成立了1个总课题和13个专题课题组，对18家各种类型和规模的企事业单位进行了典型调查。关于北京市职工思想状况的调查首次委托社会调查机构“零点公司”进行。

6月12日 市总工会、市国资委、市劳动和社会保障局联合印发《关于在国有及国有控股企业推进工资集体协商工作的意见》。

6月13日 第二届北京市职工数控技能大赛启动。10月4日，在北京市工业技师学院举行决赛，全市50多个企业的150名选手参加了软件、理论和实操的决赛。11月28日，市总工会召开总结表彰大会，对获奖选手、优秀组织单位进行表彰。

6月15日 市总工会、市商务局印发《关于加强商业企业厂家信息员入会和维权工作的指导意见》。

6月29日 十届全国人大常委会第二十八次会议通过《中华人民共和国劳动合同法》（简称《劳动合同法》），自2008年1月1日起施行。

7月5日 市总工会印发《关于开展“迎奥运 讲文明 树新风”首都职工奥运知识竞赛的通知》。

7 月 5 日—6 日 北京市出租汽车行业第一次协调劳动关系三方会议召开，建立了出租汽车行业劳动关系三方协调机制，讨论了由市总工会起草的“关于在全市出租汽车行业开展创建‘和谐劳动关系企业’活动的意见”。

7 月 16 日 市总工会印发《关于组建首都职工文明啦啦队的通知》，决定组建北京奥运会首都职工文明啦啦队，展现首都职工“我参与、我奉献、我快乐”的精神风貌，进一步提高广大职工参与奥运、服务奥运的意识和能力。30 日，首都职工文明啦啦队全市启动誓师大会在朝阳公园网球中心举行。

7 月 17 日—18 日 尤兰田率队分别到首钢迁安钢铁公司、矿业公司和曹妃甸京唐钢铁公司、首秦金属材料有限公司慰问首钢一线职工。

8 月 6 日 市总工会、市建委、市 2008 工程建设指挥部办公室联合召开奥运工程建设劳动竞赛表彰大会，授予 19 个单位首都劳动奖状，20 个单位“安康杯”竞赛先进单位称号；授予 30 名先进个人首都劳动奖章，111 名先进个人“经济技术创新标兵”称号；280 名表现突出的农民工获得奥运工程劳动竞赛优秀农民工称号。

8 月 21 日 “金秋助学”受助仪式在北京职工帮扶中心举行，对考入大学、高中和中专的困难职工子女分别予以 2000 元和 1000 元的资助。

8 月 22 日 首都职工文明啦啦队举办骨干培训班，18 个区县、27 个局（总公司）和北京经济技术开发区的 200 名首都职工文明啦啦队骨干参加首期培训。

9 月 8 日 市总工会、市建委、市 2008 工程建设指挥部办公室在国家会议中心工地联合举行向奥运工程建设者发放“奥运工程建设纪念章”仪式。

9月21日 由市总工会主办，首都职工素质教育工程领导小组、劳动午报社共同承办的"'迎奥运、讲文明、树新风'首都职工奥运知识竞赛"圆满结束。

10月6日—7日 市粮食局、市劳动和社会保障局、市总工会联合举办北京市首届粮食行业技能比赛。

10月12日 市总工会、市劳动和社会保障局、市企业联合会共同召开创建和谐劳动关系单位活动座谈会，表彰获得全国模范劳动关系和谐企业与工业园区的15家在京单位；北京燕山石油化工有限公司等单位介绍了构建和谐企业与工业园区的经验。

同日 首都职工文明啦啦队组委会在劳动人民文化宫太庙前广场举行大型展示发布活动，啦啦队队标、队歌、宣传招贴等首次展示。600多名啦啦队队员展示了现场动作。

10月13日—14日 市总工会举办"喜迎十七大暨迎奥运倒计时300天农民工（趣味）运动会"，5000名农民工参加比赛。

10月31日 市总工会印发《北京市总工会关于认真学习贯彻党的十七大精神的通知》。11月14日至16日，市总工会举办北京市工会系统学习党的十七大精神专题报告会，共邀请6位专家学者作十七大精神专题报告，各区、县、局（总公司），各产业、直属基层、外施企业工会负责人及市总事业单位的党员干部参加会议。

11月8日 市总工会召开"文明窗口奥运风"征文活动表彰大会，6个单位和60名个人分别获得单位组织奖和个人征文奖。

11月21日 市总工会印发《北京市总工会关于开展创建"工人先锋号"活动的意见》。

12月3日 由山东省齐河县时传祥纪念馆职工业余京剧演出团自导自演的现代京剧《时传祥》在全国政协礼堂举行晋京首场演出。

12月4日 全国总工会与市总工会在工人体育馆联合举办“学习宣传贯彻《劳动合同法》，构建和谐劳动关系”法制宣传日大型现场咨询活动。

12月5日 市总工会印发《关于加强〈劳动合同法〉宣传依法规范用工制度的紧急通知》。

12月17日 市总工会印发《北京市总工会关于建立首席员工制度的意见》。

12月18日 市总工会印发《北京市总工会关于在全市工会系统建立提案制度的意见》。

12月28日 市总工会印发《北京市总工会关于加强高技能人才工作的意见》。

2008年

1月8日 市总工会举行2008年“两节”送温暖启动仪式暨北京职工帮扶中心成立1周年活动。尤兰田等市总工会领导出席。

1月9日 市总工会维护农民工合法权益工作领导小组分赴朝阳、海淀、房山开展农民工工资支付情况大检查。

同日 市总工会印发《北京市总工会关于实行基层工会会员代表大会代表常任制的意见》。

1月23日 市总工会印发《关于进一步开展“迎奥运、讲文明、树新风”争做首都文明职工活动的通知》。

1月24日 全国总工会、市总工会、市建委、北京铁路局、市运输管理局、市劳动和社会保障局等有关领导为2008年农民工平安返乡活动首趟专列送行。

1月—7月 市总工会、市精神文明建设委员会办公室在全市范围内开展文明引导行动。文明引导行动以“全民参与，助威奥运”为主题，以职工文明啦啦队为载体，由各区、县、局（总公司）工会和各区县文明办共同负责实施。通过开展各种形式的文明引导活动，提升了首都人文环境整体水平。

2 月 19 日　市总工会印发《北京市总工会关于开展“职工书屋”建设的通知》。

2 月 20 日　市总工会召开北京市推进在职职工互助保障工作会议，在全市职工群众中实施《在职职工意外伤害互助保障计划》、《在职女职工特殊疾病互助保障计划》、《在职职工重大疾病互助保障计划》、《在职职工住院医疗互助保障计划》、《在职职工子女意外伤害互助保障计划》。

2 月 21 日　市总工会召开工会宣教工作会议，要求在一线职工特别是农民工工作和居住相对集中的基层企事业单位、工会服务站和重点建设项目工地，建设 300 个市总工会统一命名的“职工书屋”。

2 月 29 日　市总工会召开十一届九次委员会议。会议选举中共北京市委常委梁伟为市总工会主席。会议要求全市各级工会组织团结动员广大职工为成功举办一届有特色、高水平的奥运会，为全面实现“十一五”规划，建设繁荣、文明、和谐、宜居的首善之区建功立业。

3 月 12 日　梁伟到北京工人体育场馆施工现场，调研场馆改扩建工程的建设情况。

3 月 31 日　市总工会召开 2008 年工会领导干部理论研讨会，围绕中共北京市委即将召开的工会工作会议，就基层工会工作重点、工会自身建设、工会工作职能、依法维护职工权益、职工队伍基本状况、劳动关系特点、工会源头参与政策法规制定、职工诉求机制与帮扶机制建设，以及新时期工会工作特点、规律等若干问题展开讨论。

4月7日 市国资委与市总工会召开联席会议。双方就深入开展“平安奥运行动”、建设高技能人才队伍、调研职工工资正常增长状况等问题进行了讨论。

4月16日 市总工会印发《北京市总工会关于深入开展帮扶工作，推动实现“无社会救助盲点”目标的意见》。

4月21日 梁伟到北京职工帮扶中心进行调研，研究探讨帮扶资金筹集、帮扶网络建设、帮扶工作如何健康发展等问题。

4月23日 梁伟到劳动人民文化宫调研奥运环境改造项目，听取文化宫奥运环境改造项目情况汇报。

同日 市总工会女职工委员会印发《关于进一步开展首都女职工迎奥运巾帼志愿活动的通知》。

4月27日 市总工会决定，向杨海涛等295名同志颁发首都劳动奖章，向北京市怀柔区环境卫生服务中心等57个集体颁发首都劳动奖状，授予中国网通北京市分公司四区电话局奥运项目部等100个集体北京市工人先锋号荣誉称号。同时，对在2007年群众性经济技术创新工程活动中成绩突出的先进个人和先进集体予以表彰。

同日 市总工会、北京电视台共同主办的“2008年庆五一表彰先进暨《劳动颂歌》电视文艺晚会”举行。

4月28日 首都职工文明啦啦队庆祝北京奥运会倒计时100天纪念活动在慕田峪长城举行。

5月12日 四川汶川发生特大地震。灾害发生后，市总工会紧急行动，及时筹集资金，于5月14日向汶川灾区人民捐款100万元。15日，市总工会印发《北京市总工会关于全力做好抗震救灾工作继续扎实做好奥运会筹备工作的通知》。

同日 市总工会印发《北京市总工会关于发挥工会组织的监督职能促进做好企业职工工资支付工作的意见》。

5月15日 北京首批30个由全国总工会统一命名的“职工书屋”示范点正式挂牌。

5月21日 市总工会印发《关于开展〈劳动合同法〉贯彻落实情况调研检查工作的通知》。

6月10日 市总工会印发《北京市总工会关于2008年推进集体合同和工资集体协商工作的意见》。

6月16日 市总工会印发《关于开展劳动用工情况监督检查的通知》。

6月25日 市总工会领导前往北京市北泡轻钢建材有限公司慰问为援建灾区加班生产板房的职工，并授予该企业抗震救灾重建家园北京“工人先锋号”旗帜。此前全国总工会已授予该企业抗震救灾重建家园全国“工人先锋号”旗帜。

6月25日—27日 市总工会领导带队赴四川什邡市了解灾后重建和援助需求情况，慰问了建工集团、城建集团、住总集团、市政路桥建设控股集团、城乡建设集团、中建一局、中建二局在灾区的建设者，向这7个集团授予北京“工人先锋号”旗帜，并受全国总工会委托授予全国“工人先锋号”旗帜。

6月26日 市总工会在北京会议中心召开北京奥运会、残奥会职工文明啦啦队工作会议。梁伟出席会议并讲话。出席会议的领导为职工文明啦啦队核心合作伙伴和后援团成员单位代表颁发证书，职工文明啦啦队负责人与组委会签订安全责任书。

7月9日 在奥运倒计时30天之际，市总工会在全市各行业启动“奥运立功竞赛”活动。

7月10日 市总工会印发《关于表彰抗震救灾先进集体先进职工的通知》。

7月11日 北京市工会机关事业系统举办奥运立功竞赛启动仪式。市公安局干警代表向全市职工发出倡议。启动仪式上，为荣获全国“工人先锋号”、北京“工人先锋号”、“全国模范职工之家”称号的单位颁发锦旗和牌匾。

7月18日 市总工会举行奥运立功竞赛推进会暨创建奥运立功“工人先锋号”启动仪式，向首旅集团等7家奥运服务保障重点单位授予“奥运立功 创建工人先锋号”锦旗。

8月6日 市总工会、市司法局联合印发《关于开展第二届“全国维护职工权益杰出律师”评选表彰活动的通知》。

8月8日—24日 北京第二十九届奥林匹克运动会举行。9月6日至17日，北京第十三届残疾人奥林匹克运动会举行。北京奥运会和残奥会期间，市总工会和各级工会带领21万名职工组成的北京职工文明啦啦队，传播奥运知识，引导赛场文明，进入47个奥运会、残奥会场馆，参加2870余场次观赛助威活动，受到国内外广泛赞誉。9月29日，中共中央、国务院举行北京奥运会、残奥会总结表彰大会，北京市总工会职工文明啦啦队组委会获“北京奥运会、残奥会先进集体”荣誉称号。

9月18日 市总工会2008年“金秋助学”活动在北京职工帮扶中心启动。市总工会向227名考入大学的困难职工子女每人发放助学金2000元，向120名考入高中的特困职工子女每人发放助学金1000元。

9月27日 市总工会、市劳动和社会保障局联合印发《关于进一步组织职工参加住院医疗互助保障计划的实施意见》。

10月14日 市总工会召开北京奥运会、残奥会总结表彰大会。

大会总结了工会组织职工参与奥运历程的基本经验。授予崔凤玲等2630名先进个人“奥运立功标兵”荣誉称号，授予孙洪庄等595名先进个人奥运立功首都劳动奖章，授予北京二商集团奥运食品供应服务指挥部等225个先进集体奥运立功首都劳动奖状，命名北京地铁客运公司奥运支线站区等290个先进集体奥运立功“工人先锋号”。

10月28日 市总工会举办副处级以上干部参加的学习实践科学发展观专题培训，张建民作题为《转变活动方式 建设服务型工会》的报告。

10月29日 市总工会印发《北京市总工会关于学习贯彻中国工会十五大精神的通知》。

12月4日 中共北京市委召开北京市工会工作会议。中共北京市委书记刘淇，全国总工会副主席、书记处第一书记孙春兰出席会议并讲话。市委副书记、市长郭金龙主持会议。市人大常委会主任杜德印、市政协主席阳安江、市委副书记王安顺等领导出席会议。梁伟代表市总工会向大会作工作报告。会议印发了《中共北京市委关于加强和改进工会工作的意见》，就加强和改进工会工作的重要意义、指导思想、目标任务、具体措施、组织保障等一系列问题做出了明确规定，是指导新时期首都工会工作发展的纲领性文件。

同日 市总工会召开十一届十次委员会（扩大）会议。会议审议通过《关于韩子荣同志替补为北京市总工会第十一届委员会委员和张建民同志不再担任北京市总工会第十一届委员会委员、副主席职务的决定》、《关于侯小丽同志不再担任北京市总工会第十一届委员会委员、副主席职务的决定》，并选举市总工会党组书记韩子荣为市总工会第十一届委员会副主席。会议下发《北京市总工会关于在扩大内需促进经济平衡较快增长中充分发挥工会组织作用的通知》。

12月8日 市总工会印发《北京市总工会关于学习宣传贯彻落实北京市工会工作会议精神的通知》。

12月16日 市总工会印发《关于开展2008年度北京市"两模三优"(即模范职工之家、模范职工小家，优秀工会工作者、优秀工会积极分子、优秀职工之友)及"双爱双评"评选表彰活动的通知》。

12月17日 市总工会举行为灾区农民工子女送温暖助学活动，来自四川、重庆、湖北、湖南、河南、江苏等在本年遭受严重自然灾害地区的80名农民工子女领到助学金。

同日 市总工会召开部分企业工会主席座谈会，了解企业贯彻落实中共北京市委工会工作会议精神和国际金融危机对本市企业、职工的影响情况。

12月22日 市总工会召开北京市工会组织工作会议，部署北京市工会第十二次代表大会有关组织筹备工作。

12月30日 国家体育总局授予北京市总工会"全国2008年全民健身活动优秀组织奖"，表彰市总工会在推进全民健身活动中的突出表现。

本年 18个区县和北京经济技术开发区全部建立工会服务(帮扶)中心；新建工会服务站178个，服务站共计269个。

2009年

1月4日 市总工会印发《关于在千家企业开展经济形势变化对企业经济状况和职工权益影响的调查方案》的通知。通知指出，在国际金融危机对我国经济的影响日益显现形势下，企业经营困难增多，为全面了解掌握企业经济状况和职工权益情况，及时向市委、市政府反映情况，提出建议，帮助企业有效应对挑战，决定在1000家企业中，开展经济形势变化对企业经济状况和职工权益影响的调查。

1月5日 市总工会在北京职工帮扶中心举行2009年“两节”送温暖活动启动仪式。

1月6日—26日 市总工会领导带队分别慰问京棉集团、环卫集团、建工集团、公交1路车队、公安系统、民政系统在一线岗位的职工；走访困难职工和特困残疾职工以及特困单亲女职工家庭；看望著名专家学者、劳动模范、工会干部；到北京佑安医院，慰问在2003年抗击“非典”中，因公感染“非典”并发后遗症医护人员。

1月14日 王兆国对北京市职工素质教育工程工作作重要批示：“北京市总工会几年来发挥工会大学校作用的好经验应认真总结和宣传，推动全国职工素质教育工程工作深入开展并取得更好的实效。”

2月5日 市总工会印发《关于广泛开展“同舟共济保增长，建功立业促发展”竞赛活动的通知》，动员职工立足本职创一流业绩，帮助企业应对国际金融危机挑战。

同日 市总工会印发《关于将中共中央、国务院表彰的北京奥运会、残奥会先进个人纳入全国劳模管理的通知》。

2月13日 市协调劳动关系三方召开工作例会，针对国际金融危机形势的变化以及对本市的影响，三方共同研究制定稳定劳动关系的指导性意见。

2月25日—27日 北京市工会第十二次代表大会在北京会议中心召开，出席大会的正式代表656人。中共北京市委书记刘淇出席会议并讲话，全国总工会副主席、书记处第一书记孙春兰向大会致辞，市委副书记、市长郭金龙作形势报告。市人大常委会主任杜德印、市政协主席阳安江、市委副书记王安顺等领导出席会议。大会审议通过梁伟作的题为《坚持走中国特色社会主义工会发展道路，团结动员全市职工为建设“人文北京、科技北京、绿色北京”而努力奋斗》的工作报告，选举产生市总工会第十二届委员会和经费审查委员会。在市总工会十二届一次委员会议上，选举产生常务委员 12 人；选举梁伟为市总工会主席，韩子荣、王北平、时纯利、原增锁、霍连明、王玉英、王有国等 8 人为副主席。召开市总工会第十二届经费审查委员会第一次会议，选举了经费审查委员会主任。

3 月 11 日 市总工会印发《关于继续在千家企业开展经济形势变化对企业经济状况和职工权益影响调查工作的通知》。

3 月 16 日 市总工会、市安监局联合印发《关于表彰 2008 年度北京市“安康杯”竞赛优胜单位、优秀班组、优秀组织单位、优秀组织个人的决定》和《关于 2009 年开展北京市“安康杯”竞赛活动的通知》。

3 月 20 日 北京市社会建设工作领导小组认定市总工会为第一批市级“枢纽型”社会组织。

3 月 20 日—21 日 北京市出租汽车行业劳动关系三方召开会议，听取了市总工会交通运输业工委关于《北京市出租汽车企业驾驶员集体合同示范文本》的起草过程、主要内容和相关文件说明的报告；授予北汽九龙等 11 家企业 2008 年度市出租汽车行业和谐劳动关系企业称号。

4 月 1 日 市厂务公开协调小组办公室召开工作会议，研讨纪念北京市厂务公开推行十周年暨表彰大会的相关工作和《关于应对当前全球性经济危机规范企业裁员和调整薪酬民主程序的通知（征求意见稿）》等文件。

4月16日 首都职工素质教育论坛暨2009年实施动员大会在北京会议中心举行。

4月23日 首都各行业劳模代表和职工代表欢聚中国农业大学体育馆，共庆“五一”国际劳动节。市总工会表彰了2009年评选的先进个人和先进集体，授予275位先进个人“首都劳动奖章”，授予31家先进集体“首都劳动奖状”，授予122个先进集体北京市“工人先锋号”称号。

4月30日 市委教育工委、市教委、市教育工会联合印发《关于加强在高等学校非事业编制职工中开展工会工作的通知》。

5月8日 市总工会、市卫生局联合举行传承南丁格尔精神、展现首都护士风采主题大会，庆祝“5·12”国际护士节。大会号召团结动员护理工作者用优质的服务向新中国成立60周年献礼。

5月12日 市总工会领导到四川，看望并慰问北京对口支援什邡重建工程工地北京建工、城建、住总、市政路桥和中建一局、中建二局的建设者。

5月31日 财政部颁布新《工会会计制度》。市财政局、市总工会联合转发了《财政部、中华全国总工会关于做好贯彻实施新〈工会会计制度〉准备工作的通知》，要求确保新制度在本市的贯彻执行，实现新旧会计制度平稳衔接过渡。

6月8日 北京市建筑工会成立大会召开。

6月13日 北京市交通运输工会成立大会召开。

6月15日 全国首家护工工会——北京惠佳丰公司护工工会成立大会召开。

6月16日 市总工会在北京银行大厦举行职工京卡·互助服务卡签约仪式，启动市总工会互助服务温暖工程。包括入会农民工在内的首都400万名工会会员享受到实名制会员“互助服务卡”的免费非工伤意外及家财损失保险，以及应急临时救助、法律咨询等多项免费服务和特惠服务。

6月17日 “北京职工帮扶中心”正式更名为“北京市职工服务（帮扶）中心”。

6月25日 北京市建立劳动争议调解联动机制动员大会召开。会上，市总工会、市人力社保局和市司法局联合下发《关于建立市劳动争议调解联动机制进一步加强劳动争议调解工作的意见》，标志着北京市劳动争议调解联动机制即“工会牵头，三方联动，信息共享，协调配合，重在调解，促进和谐”的工作格局正式启动。

6月29日 市总工会召开十二届二次委员会议。会议围绕深入贯彻落实《中共北京市委关于加强和改进工会工作的意见》，审议通过北京市总工会6项重点工作实施方案，即关于建设工会三级服务体系工作的实施方案、关于加强工会组建和发展会员工作的实施方案、关于推进首都职工素质建设工程的实施方案、关于健全协调劳动关系机制的实施方案、关于加强工会法律服务工作的实施方案、关于深化送温暖工程的实施方案。7月20日，下发《北京市总工会关于印发贯彻落实〈中共北京市委关于加强和改进工会工作的意见〉实施方案的通知》，强调抓好《中共北京市委关于加强和改进工会工作的意见》与工会6项重点工作实施方案（合称“1+6”文件）的贯彻，对于建设服务型工会，建设具有首都特点的中国特色社会主义工会，必将起到重要的推动作用。

7月17日 北京华夏中青家政服务公司建会现场会召开，启动北京市家政公司建会工作。9月2日，全市首个家政行业工会联合会在海淀区花园路街道成立，涵盖了3家家政公司、2000多名会员。

8月1日 由市总工会、市科委、市人力社保局共同主办的第三届全国职工职业技能大赛北京市选拔赛实操阶段决赛在市工贸技师学院举行。

8月4日 首都和谐劳动关系工作促进会召开。会议围绕如何积极应对当前经济形势对就业和劳动关系的影响，进一步加大劳动关系协调力度，全力做好首都劳动关系和谐稳定工作，为新中国成立60周年大庆营造安定祥和的社会环境进行动员和部署。

8月13日 市总工会举行“12351”职工服务热线网站开通暨职工京卡·互助服务卡首发仪式。“一卡一平台”是建设工会三级服务体系的重要内容，是市总工会为职工群众办实事、解难事、做好事，打造和谐、关爱、便利服务平台的一项重要举措。

9月11日 市总工会召开迎接新中国成立60周年动员大会。大会强调，全市工会系统要层层动员，全力以赴，振奋精神，凝聚力量，以最高的工作标准、最大的工作热情、最好的工作成效，圆满完成国庆各项工作任务。

9月16日 国庆60周年群众游行指挥部总指挥梁伟带领市卫生局、市教工委、市教委、市公安局内保局和市安监局等部门领导，到市二商集团东方友谊食品配送公司国庆游行队伍早餐供应分检现场检查指导工作并慰问一线员工。

9月17日 市总工会启动工会干部慰问万名劳模活动，为在新中国建设中作出了突出贡献的劳动模范和先进工作者送上国庆、中秋“双节”的问候。

9月27日 市总工会印发《关于建立北京市工资集体协商指导员队伍的通知》。

10月1日 市总工会坚决贯彻党中央和中共北京市委的要求，组织动员广大职工投入新中国成立60周年庆典筹备和服务保障工作中。各级工会精心筹划、严密组织、靠前指挥，圆满完成了20

万名游行群众和联欢晚会的训练和组织工作。

10月13日 市总工会转发全国总工会《工会预算管理办法》；11月20日，市总工会转发全国总工会《基层工会经费收支管理办法》。

10月26日 时传祥纪念馆在龙潭湖公园开馆。

11月6日 市总工会获得首都“迎国庆、讲文明、树新风”活动优秀组织奖、首钢总公司等20个单位被评为先进单位、王萍等40人获先进个人奖。

11月30日 市总工会印发《关于进一步加强工会劳动保护工作预防安全生产事故的通知》。

12月4日 市总工会印发《关于聘请律师志愿者为工会服务站提供对口法律服务的决定》，首批聘请北京市14家律师事务所200余名律师志愿者为东城区等13个区县的213个街道乡镇工会服务站提供法律志愿服务，每个律师志愿者每月提供不少于两天的服务。

12月8日 在第三届全国职工职业技能大赛总结表彰大会上，北京市代表队荣获数控车工冠军、数控铣工冠军，综合团体总分第四名，优秀组织奖及多个工种第二、三名奖项。

12月21日 市“家政服务工程”首批学员毕业，19家家政培训机构的第一批3000名学员完成培训，通过考试，领到“培训合格证书”。家政服务员代表与家政公司代表当场签订了上岗协议。

12月22日 本市工会系统第一家行业性帮扶机构——市民政局职工服务（帮扶）中心挂牌成立。

12月24日 市总工会、市科委联合印发《关于联合确认首批首都职工创新工作室的决定》。首批挂牌的有10家首都职工创新工作室。

12月28日 北京职工婚姻家庭建设协会成立。2019年获评北京市4A级社会组织。

本年 工会三级服务体系基本建成。共有北京市职工服务（帮扶）中心1个，区县职工服务（帮扶）中心19个，工会服务站532个，工会助理员、协管员1100余人。

2010年

1月6日 北京市宣传系统工会工作会议召开并印发《关于加强和改进宣传系统工会工作的实施意见》、《北京市宣传系统企事业单位深入推行厂务公开制度实施办法》、《北京市宣传系统事业单位民主管理及职工（代表）大会办法》三个文件。

1月9日 市总工会领导到北京军区总医院，看望因连续4天4夜扫雪突发脑溢血晕倒的环卫工人王长荣，并送上鲜花和慰问金。

1月11日 市总工会召开2010年“两节”送温暖系列活动媒体通气会，正式启动认捐“温暖包”活动。

1月12日 市交通委、北京铁路局、市总工会、市住房城乡建设委、市人力社保局联合召开2010年春运农民工计划购票工作部署会。春运期间，全市18个区县和经济技术开发区的职工服务中心开设农民工团体火车票订票点。

1月18日 市总工会印发《关于落实〈健康北京人——全民健康促进十年行动规划（2009—2018年）〉广泛开展工间（工前）操活动的意见》。

1月19日 市总工会、市住房城乡建设委召开联席会，决定下发《关于加强外地在京建筑施工企业劳动争议调解工作的意见》，要求依托已建立的三方劳动争议调解联动机制，建立和完善长效的劳动争议预防、预警和调解制度，力争将外施企业劳动争议化解在源头和基层。

1月20日—2月6日 市总工会领导带队分别到市邮政速递物流公司、市电力公司、市公交集团等企业以及区县，慰问辛勤工作在一线的各行业职工；走访劳动模范、困难职工和特困单亲女职工家庭；看望著名表演艺术家及专家学者，送去节日的问候。

1月22日 市政府与市总工会联席会议在北京会议中心召开。会议听取市总工会关于当前职工队伍状况、工会工作情况的通报，并围绕关于开展创建劳动关系和谐企业活动、劳动争议调解工作、工会加强职工技能人才队伍建设、进一步解决劳模生活困难、工会做好帮扶困难职工工作以及工会经费税务代收、财政代扣的建议6项议题，进行了深入讨论并达成基本共识。

同日 市总工会印发《关于做好2009年度全国劳模“三金”[①]和北京市困难劳模帮扶金发放工作的通知》。

1月27日 为庆祝市总工会成立60周年，市总工会在国家大剧院举办专场大型音乐舞蹈史诗《复兴之路》演出。历届劳动模范代表、工会老干部代表、长期支持工会工作的各界人士、各级工会工作者观看了演出。演出开始前，梁伟等领导为16名从事工会工作30年的工会干部代表颁发了纪念奖牌。

1月29日—30日 北京市工业（国防）工会成立大会召开。

1月31日 市总工会领导考察簋街各商铺张贴宣传海报和“暖”系列窗花的情况。“两节”期间，市总工会以“暖”为整体形象，以温暖资金募集为依托，以“帮助临时困难职工家庭过一个温暖祥和的春节”为目标，重点帮扶全市1.6万余户由于收入水平低、

① 全国劳模“三金”，即春节慰问金、低收入困难补助金和特殊困难帮扶金。

患重大疾病、子女上学、残疾、待岗失业等原因造成困难的职工家庭。

2月1日—6日 市温暖基金会分别与北京中和珍贝科技有限公司、京汉置业集团股份有限公司签署捐赠协议，分别设立“淦清助学基金”、“京汉单亲母亲爱心基金”，对全市在档单亲困难女职工子女学费按学前、义务教育、高中、高等教育四个阶段进行救助。从2010年至2021年，持续多年未间断。

2月3日 由市总工会、北京电视台联手打造的“暖——2010爱心互助大型义演”晚会在北京工人体育馆上演。

2月4日 全国总工会、交通运输部、铁道部、市总工会等有关部门启动在京农民工“平安返乡”活动。

2月6日 市总工会召开座谈会，纪念市总工会成立60周年。市总工会历届领导及现任领导，劳动模范代表以及市总工会相关产业工会、部门和事业单位负责同志出席座谈会。

2月25日 市总工会与市人力社保局、市妇联共同在北京西站，启动以“服务进城务工，帮助就近就业，扶持自主创业”为主题的2010年春风行动宣传日活动，现场免费为农民工提供职业指导、职业介绍等服务。

3月1日 市总工会印发《北京市总工会关于推进工资集体协商工作的意见》。

3月8日 市总工会印发《关于建立职工队伍状况季度分析会制度的通知》，决定每季度召集一次职工动态通报分析会，及时了解掌握全市职工队伍状况和劳动关系状况，畅通职工表达利益诉求的渠道，推动涉及职工利益问题的解决。该制度一直坚持到2013年。

3月22日 市总工会印发《关于加强国有企业重组改制和关闭

破产工作情况报告的通知》。

4月2日 市总工会召开十二届委员会第四次全体会议。会议选举余俊生为市总工会副主席。

4月6日—7日 北京市服务工会成立大会召开。

4月8日 北京市召开协调劳动关系三方（扩大）会议。市人力社保局作《北京市协调劳动关系三方机制工作报告》。会议部署《2010年市协调劳动关系三方工作要点》。

4月18日 市总工会举行2010年劳模评选表彰工作新闻发布会。本年北京市劳动模范和先进工作者推荐评选工作呈现五大亮点：一是首次将非京籍劳动者纳入推荐评选范围；二是首次大幅度提高非公经济组织推荐评选比例；三是首次在劳动模范和先进工作者推荐评选工作中引进社会公众参与机制；四是首次采取个人自荐和组织推荐相结合的推荐原则；五是首次将推荐人选在评选过程中举办事迹报告会和演讲会作为必经程序。此次推荐评选出的1241名北京市劳动模范和先进工作者中，一线职工占60.8%，科技人员占26.6%，经营管理者占6.3%。

4月20日 北京市劳动模范和先进工作者表彰大会举行。大会宣读了《北京市人民政府关于授予北京市劳动模范、北京市先进工作者和北京市模范集体称号的决定》，向1241名北京市劳动模范和先进工作者代表颁发奖章和荣誉证书，向191个模范集体代表颁发奖牌。

4月25日 市总工会举行会议，欢送北京市98名全国劳模先进代表组成北京团，参加25日至27日全国劳模和先进工作者表彰大会。

5月13日 市总工会追授三位因工作过度劳累而牺牲在岗位上的公安干警（海淀分局的左利军、密云分局的姜子军和平谷分局的张大庆）“首都劳动奖章”荣誉称号，号召全市职工学习他们的感人事迹，为首都建设作出新贡献。

5 月 18 日 北京市劳动争议调处工作领导小组召开会议，决定建立本市劳动争议调解五方联动机制。市总工会、市人力社保局、市司法局、市信访办公室、市高级人民法院参与的五方劳动争议调解联动工作机制，形成了“资源共享、工作联动、优势互补、相互配合”的工作新格局。

5 月 26 日—31 日 北京市交通运输工会、北京交通台举办首届“的士”艺术节。“的士”艺术节每两年举办一次，2016 年举办了第四届后停办。

5 月 27 日 首都推进劳动争议调解联动机制大会召开。会上，顺义区总工会、崇文区人力社保局、宣武区司法局和东易律师事务所先后作经验介绍。20 名“优秀劳动争议调解员”和“优秀法律志愿者”受到表彰。

5 月 28 日 “12351”职工服务热线正式开通职工心理咨询服务专线，由专业心理咨询师提供心理疏导、工作减压等心理咨询服务。

同日 市总工会印发《2010 年工会维护农民工合法权益工作要点》。

5 月 28 日—12 月 2 日 市总工会与市科委、市人力社保局等 9 家单位联合主办 2010 年北京市职工职业技能竞赛。比赛设数控车工、数控铣工、焊工、维修电工、理财规划师、形象设计师、调酒师、动漫设计与制作等 31 个项目，覆盖职工约 167 万人，参与职工 30 余万人，其中闯入决赛的达 5.5 万人，共产生 33 个冠军。此后，北京市职工职业技能竞赛基本上每年举办。2013 年起，该竞赛改由北京市职工技术协会与北京市职业技能鉴定管理中心联合主办。2014年起，更名为北京市“职工技协杯”职业技能竞赛。2021年起，调整为市总工会与市人力社保局联合举办的“北京市职工职业技能大赛”。

6月10日 在全国总工会召开的“职工互助保障工作座谈会”上，中国职工保险互助会北京办事处获“职工互助保障工作模范奖”，市总工会6人分别获“职工互助保障贡献奖”和“优秀办事处主任”荣誉称号。

6月18日 北京市金融工会成立大会召开。

6月28日 北京市启动首都功能核心区行政区划调整工作，撤销原东城区、崇文区，设立新的东城区，以原东城区、崇文区的行政区域为东城区的行政区域；撤销原西城区、宣武区，设立新的西城区，以原西城区、宣武区的行政区域为西城区的行政区域。随后，上述区域的工会组织也作出相应调整，组建了东城区和西城区临时工会委员会。2011年3月，新的东城区和西城区工会分别召开代表大会选举出区总工会委员会和经费审查委员会。

同日 根据北京市人民政府办公厅《关于开展市地税局机关代收工会经费和筹备金试点工作的通知》的要求，在本市原宣武区、丰台区、昌平区行政辖区内开展市地方税局机关代收工会经费和建会筹备金试点工作。2011年7月1日起，将工会经费（筹备金）税务代收试点范围扩大到东城区、西城区、朝阳区、门头沟区、顺义区行政辖区，并于2011年10月1日起启动试点推广区收缴工作。自2012年1月1日起将工会经费税务代收工作扩大到全市行政辖区范围。

7月2日 市总工会召开全市推进工资集体协商工作座谈会。会议确定了10个重点联系单位，探索在楼宇、商业街、社区、民俗村、工业区、小企业密集区等特色单位，开展区域性、行业性工资集体协商。

7月12日 市总工会印发《北京市总工会关于实施困难职工项目制帮扶工作的意见》。

7月30日 西城区椿树街道总工会正式成立，成为本市首家街道乡镇一级总工会。

8月6日 市总工会印发《北京市工会经费审查工作规范化建设标准（试行）》和《关于北京市工会经费审查工作规范化建设标准的说明（试行）》的通知。

8月9日—16日 市总工会、市体育局、市卫生局联合有关单位，共同组织开展首都职工示范推广工间（前）操宣传周活动。

8月25日 市总工会印发《关于进一步加快推进工资集体协商工作的通知》。

8月26日 市总工会举行“温暖金秋、放飞希望——2010年单亲困难女职工子女助学金发放仪式”。北京市800多户单亲困难女职工家庭子女，按照不同的求学阶段，获得最低300元、最高4000元的学费救助，助学款总金额累计达到170万元。

8月—11月 北京市金融工会举办了2010年北京市理财规划师比赛。150多个单位3000多名选手参赛。共评出“年度金牌理财规划师”1名、“年度十佳理财规划师”10名、“年度优秀理财规划师”40名、“年度理财规划能手”250名。

9月—12月 按照全国总工会的统一部署，我市开展“广普查、深组建、全覆盖”集中建会行动。截至12月底，全市基层工会组织累计22112个，全年净增基层工会组织1271个；基层工会涵盖法人单位累计51488家，净增6491家；会员累计3750215人，净增165838人，各项指标均超额完成全国总工会年初下达的任务。

10 月 18 日　市总工会召开北京市工会女职工组织建设工作推进会。会议下发了《关于推进工会女职工组织建设工作的意见》、《工会女职工组织与工会组织同步组建程序》和《关于规范街道乡镇总工会女职工组织建设的通知》三个文件。

11 月 22 日　市总工会印发《北京市工会经费预算三审制度暂行办法》。三审制度，是指工会经费审查委员会通过预算审查、备案，半年预算执行情况中期审查，年度预算执行情况审计，对工会全年经济活动实施三次监督的活动。

11 月 25 日　由市总工会主办，市建筑工会、建工集团工会承办的“2010 北京建筑业农民工权益保障论坛”在北京会议中心举行。

12 月 5 日　首都职工优秀创新成果展览网站开通，170 项创新成果在网上进行集中展示。

12 月 7 日　市总工会印发《北京市总工会关于加强和改进劳模工作的意见》。

12 月 17 日　市总工会“五个一”送温暖活动正式启动。会员职工通过拨打“12351”热线或登录“12351”职工服务网，即可享受一张电影票、一张购书券、一份粮油产品、一次健身服务，以及为有需求的职工或其家属提供一次单眼白内障手术 5 项惠赠服务。

12 月 20 日　刘淇等市领导会见 2010 年北京市职工职业技能大赛获奖者和首都职工优秀技能人才代表，并参观了大赛冠军风采榜、首都职工优秀创新成果展示和职工创新工作室展示。

12 月 22 日　北京市直属机关工会成立大会召开。

12 月 28 日　市总工会举行《北京市工会深入推进工资集体协商三年行动计划（2011—2013 年）》发布会，明确“行业谈标准、区域谈水平、企业谈增长”的工作思路，要求重点推进五类企业[①]开展工资集体协商。

2011年

1月1日 中国职工保险互助会北京办事处推出《在职职工住院津贴互助保障计划》。除这一保障计划外，本市在职职工还可参加重大疾病互助保障、住院医疗互助保障、女职工特殊疾病互助保障、意外伤害互助保障等。

1月5日 “北京恢复广播操”继在“2010中国全面小康十大民生决策”评选中名列榜首，再获“CCTV年度十大国内体育新闻”殊荣，并仍位居前列。

1月7日 市总工会召开区县工资集体协商工作座谈会，全市16区县和开发区工会主管领导和相关负责人参加座谈会。会议要求各区县和开发区要落实《北京市工会深入推进工资集体协商三年行动计划》，制定切实可行的实施办法和操作计划，在全市企业普遍建立工资集体协商制度。

1月15日 “暖·2011爱心互助行动”专题网站正式上线，集中报道市总工会、温暖基金会送温暖活动的动态，记录和梳理送温暖活动的足迹。网站设置了企暖行动、堆暖行动、温暖印象以及申请救助等栏目。

---

① 五类企业，即按照最低工资标准发放职工工资的企业；经济效益增长、劳动生产率提高，职工工资增长没有达到工资指导线下限3%的企业；职工工资水平没有达到上年度劳动力市场工资指导价位平均水平的企业；职工工资收入低于本地区、本行业平均工资水平的企业；因劳动报酬引发的劳资矛盾突出、劳动争议多发、职工诉求强烈的企业。

1月19日 全国工会宣传工作暨职工素质建设工程工作会议召开，会上授予北京市总工会等10家单位全国职工书屋建设组织奖。

1月22日 市总工会印发《北京市工会法律援助办法》，就工会法律援助的范围、条件、流程及对案件承办人的管理等各方面做了明确规定。

1月23日 全国总工会、铁道部、交通运输部、市政府等有关部门启动2011年在京农民工“平安返乡”活动。

2月20日 中共北京市委办公厅、市政府办公厅印发由市总工会代拟的《关于促进劳动关系和谐稳定的意见》。

2月22日 市人力社保局、市总工会、市妇联、北京西客站管委会在西站北广场举行2011年“春风行动”主题宣传日活动。在为期两个多月的活动中，全市开展包括主题宣传日、政策咨询会、职业指导大讲堂、职业技能培训、清理非法中介活动、城乡“手拉手”活动、送岗下乡活动、专场招聘会等专项活动200余场次。

2月下旬 全市工会系统2011年“两节”送温暖活动结束。本年“两节”送温暖活动体现了“全覆盖和普惠制”、“项目制和社会化”、“注重解决实际问题”等主要特点。

3月16日 市总工会、市安监局联合印发《关于表彰2010年度北京市“安康杯”竞赛优胜单位、优胜班组、优秀组织单位、优秀组织个人的决定》，同时推荐优胜企业32家（含轨道交通建设专项竞赛1个）、优胜班组22个（含轨道交通建设专项竞赛6个）、优秀组织单位5个、优秀组织个人6名申报全国先进称号。

3月18日 由全国总工会举办、市总工会协办的全国女职工“关爱行动”在北京正式启动。全国总工会拨出4000万元专项资金，实施对单亲困难女职工和女农民工的重点帮扶，为困难企业女职工和女农民工开展“两癌”（乳腺癌、宫颈癌）检查。

3月28日 市总工会制定下发《关于在全市职工中开展“永远跟党走、建功新北京”主题教育活动的通知》。同时，市总工会决定在全市职工中开展“永远跟党走、建功新北京”主题征文活动。

3月下旬 根据《中华全国总工会办公厅关于2011年“三八”节表彰活动的通知》精神，市总工会女职工委员会组织开展2011年全国五一巾帼奖、女职工建功立业标兵岗和标兵的推荐评选工作。经由各产业工会及各区县、经济技术开发区总工会推荐，共有27个集体荣获全国五一巾帼标兵岗称号，27名个人荣获全国五一巾帼标兵称号。其中，北京地坛医院危重症内科护理组和北京奶牛中心车间主任从慧敏作为北京市唯一的全国五一巾帼奖状、全国五一巾帼奖章提名奖，参加了全国女职工五一巾帼奖表彰大会。

4月15日 市总工会召开北京市2011年工会组建工作部署会。

4月21日 北京市劳动争议调解联动机制工作推进会召开。会议指出，劳动争议调解联动机制是社会组织参与建设社会管理的新形式，维护首都稳定的新实践，创建和谐劳动关系的重要组成部分，应进一步完善劳动争议调解组织建设，将调解组织向企业、基层延伸。

4月22日 市总工会印发《关于建立集体协商专业指导员队伍的意见》，提出全市建立一支100人左右的市级专职集体协商指导员队伍。当年5—6月，经过严格遴选，共录用64人，分配到全市各区总工会和产业工会开展工作。

4月24日 市总工会举行新闻发布会。五一前夕，北京市有37人被推荐为全国五一劳动奖章，9家单位被推荐为全国五一劳动奖状，33个班组被推荐为全国工人先锋号集体称号；同时推选首都劳动奖状60个，首都劳动奖章302名，首都工人先锋号120个。

4月25日 市总工会召开市区县总工会推进工资集体协商工作

座谈会。会上，来自全市16个区县和经济开发区工会的负责人就区县集体合同签订情况、贯彻落实《北京市工会深入推进工资集体协商三年行动计划》的具体情况和区县工资集体协商指导员的推荐工作进行了汇报。

4月29日 刘淇、郭金龙、梁伟等市领导围绕“创新社会管理服务，推进首都社会建设”对工会工作进行调查研究。刘淇与部分全国劳模代表和一线职工，共迎“五一”国际劳动节，并向全市各行各业的劳动者致以节日的问候。他强调，工会组织要扎根于职工群众之中，不断提高工会在新形势下服务科学发展、服务职工群众的能力和水平，增强工会的凝聚力和影响力。

同日 市总工会、人力社保局、司法局、信访办、高院和企联六方联合制定下发《关于进一步推进我市劳动争议调解联动机制建设的意见》，明确了六方的职责，建立了六方联动机制。2012年12月25日、2015年1月27日，首都综治办、市公安局内保局，市工商联相继加入联动机制，形成了劳动争议六方多家联动调解格局。

4月 市总工会开展全市劳务派遣用工状况调研。各区县总工会、各产业工会按照市总工会的调研要求，采取统计分析、问卷调查、座谈会、实地走访等形式，分别开展本区域、本产业内劳务派遣用工情况的调查统计和研究分析。

5月17日 北京市中小学“劳模进校园”首场活动在北京东直门中学举行，北京航空航天大学房建成教授以生动形象的方式把自己多年的研究成果向中学生做了演示。“劳模进校园”活动由市教委和市教育工会联合举办，共有20位劳模走进百所中小学。

5月22日 全国总工会和市总工会在工人体育场联合举办以“了解社会保险权益，增强职工维权意识”为主题的《社会保险法》宣传日活动。

5月26日 市总工会联合市委组织部、市委统战部、市教委、市科委、市经信委、市财政局、市人社局、市国资委、市工商联、市科协等单位组建了首都职工素质建设工程指导委员会，制定并实施《首都职工素质建设工程五年规划（2011—2015年）》，推动逐步建立完善职工素质教育体系、技能人才培养体系、创新成果应用体系，着力提升职工职业素质和职业技能水平。

6月15日 北京市厂务公开协调小组办公室召开会议，研究部署2011年厂务公开民主管理工作任务，讨论《北京市大力开展厂务公开、职工代表大会建制专项行动计划（征求意见稿）》。

7月28日 市总工会下发《关于以2011年企业工资指导线为依据开展工资集体协商工作的通知》。《通知》要求：各级工会要充分认识企业工资指导线的现实意义和实际作用，切实把握政府政策文件的精神和要求，自觉运用企业工资指导线，开展工资集体协商工作。

7月—12月 市总工会女职工委员会、北京职工婚姻家庭建设协会举办第一届北京职工幸福之家推荐展示评选活动，评选出10个榜样家庭，100个幸福家庭。至2021年，共开展了九届幸福之家评选。

9月1日 经市人大修订的《北京市安全生产条例》正式实施。在市总工会的建议下，新条例增加了“从业人员的权利和义务”专章，对职工在安全生产工作中的知情权、紧急避险权、救济保障权、提出意见权等方面的权利和义务作了明确规定，为全市各级工会组织维护职工的“安全权”奠定了坚实的法律依据。

9月2日 市总工会召开深入开展为民服务创先争优活动工作部署会，正式启动“走进基层、走进企业、服务职工”活动，要求市总工会机关干部切实转变工作作风，深入群众中去，准确把握政策，认真研究工作方法。干部下基层要注重自身形象，严于律己，清正廉洁，不得以任何形式增加基层负担。

9 月 23 日 北京市第一座商业劳动模范纪念馆——张秉贵纪念馆在百货大楼正式揭幕开馆。

9 月 26 日 北京市构建和谐劳动关系工作推进大会召开。会议要求在 3 年内，力争使全市大多数企业纳入劳动关系和谐企业的行列，必须保证无未签劳动合同、无欠社会保险、无拖欠职工工资、无尖锐利益矛盾和冲突、无重大职工伤害事件。市政协主席王安顺出席会议并讲话。

同日 第八届首都职工文化艺术节闭幕式暨北京职工艺术团成立文艺晚会在劳动人民文化宫举行。梁伟和全国总工会宣教部的领导为北京职工艺术团揭牌。北京职工艺术团作为全市优秀职工文艺人才和艺术团队组成的团体，主要进行公益演出、文化服务和宣传展示、示范引导等方面的活动。

9 月 市总工会 2011 年单亲困难女职工子女助学项目顺利实施，对全市工会系统申请的家庭月人均收入在 731 元以下的 815 名困难女职工子女，从学前教育到高等教育阶段，实施了全覆盖资助，学生单项助学金额达 4000 元，共计发放助学款 183.95 万元。

10 月 9 日 全国总工会教科文卫体工会和市总工会领导到同仁医院，慰问 9 月 15 日被凶手砍伤的女医生徐文并送去了慰问金，他们在强烈谴责凶手暴行的同时，呼吁有关部门建立和健全相关制度，切实保障医务工作者的合法权益，维护医生的崇高形象。

10 月 20 日 北京市朝阳区职工大学等 15 家单位被命名为首批“首都女职工素质教育基地”。

10 月 由市总工会、市发改委共同组织编制的《北京市“十二五”时期职工发展规划》，经市政府批准正式颁布实施。规划结合首都职工权益发展实践，把职工就业权、收入权、安全权、保障权、参与权和职业发展权的实现作为衡量职工权益发展状况的重要指标，提出了今后五年北京市职工发展的总体框架、主要目标和重点任务，是全市“十二五”专项规划的重要组成部分，也是“十二五”时期职工发展事业的指导性文件。

11 月 8 日 市总工会第十二届经费审查委员会第十三次全体会议召开，选举市总工会党组成员贾炯协为市总工会第十二届经费审查委员会主任。

11 月 24 日 “12351”职工服务热线向全市会员发出 25 万条救助短信，4 天内募集到 32 名血型匹配的职工，为一名患重症的普通职工捐献血小板。

11 月 市社会建设工作领导小组开展的政府购买社会组织服务项目评选结束，市温暖基金会“职工服务公益孵化项目”中标，获得北京市社会建设专项资金资助。

12 月 15 日 首都职工践行“北京精神”主题教育实践活动启动。

同日 北京市环卫行业三方协商沟通机制召开成立大会暨第一次会议，会议审议并通过了《北京市环卫行业三方协商沟通机制工作方案》、《关于建立环卫职工收入正常增长机制的提议》、《关于开展弘扬时传祥精神暨慰问环卫职工主题宣传活动的提议》。

12 月 19 日 市总工会、市科委联合制定下发《关于进一步做好职工创新工作室工作的意见》和《北京市职工创新工作室管理办法（试行）》，要求职工创新工作室将自主创新放在首位。

12 月 21 日 市总工会 2012 年“两节”送温暖活动正式启动。活动期间，1.2 万多户困难职工获得千元“温暖包”，361 个工会服务站就近帮助农民工讨薪，182 万名工会会员持京卡・互助服务卡可享受 10 项特惠活动。此外，市总工会与相关部门合作开展农民工平安返乡行动，组织农民工返乡专列，帮助其购买团体票，提供咨询。

12 月 22 日　市总工会印发《北京市建筑业施工现场工会工作指导意见（试行）》和《外地在京建筑施工企业工会工作指导意见》。

12 月 29 日　北京职工职业发展论坛暨 2012 年素质建设工程启动大会在国家会议中心举行。

本年　市、区两级劳动争议调解中心，街道乡镇劳动争议调解室，企业劳动争议调解组织组成的劳动争议调解网络基本形成。全年，各级劳动争议调解组织受理案件 39976 件，结案 36499 件；已调解成功 27489 件，涉及金额 1.995 亿元。

本年　市总工会发布《北京市 2011—2013 年推动企业普遍建立工会组织工作规划》，全年新增工会组织（涵盖法人单位）4.97 万个，新增会员 59.6 万人，采集工会会员信息近 400 万人。

2012 年（1 月—10 月）

1 月 5 日　全国工会送温暖活动开展 20 周年、困难职工帮扶中心建设 10 周年座谈会召开。会上，北京市职工服务（帮扶）中心等 14 家单位荣获“全国工会帮扶工作标兵单位”称号，张秀伟等 12 人荣获“全国工会帮扶工作标兵个人”称号。

1 月 11 日　北京市安国保安服务有限公司签订工资专项集体合同，成为北京市保安企业签订工资集体合同的开端。此后，北京央务恒远保安服务有限公司、怀柔区保安分公司等相继签订了工资集体协商协议。

1 月 17 日　在北京市第十三届人民代表大会第五次会议上，梁伟当选北京市第十三届人民代表大会常务委员会副主任。

2月7日　市总工会印发《关于进一步推进首都职工文化建设的意见》，明确用文化引导广大职工自觉践行社会主义核心价值体系，是进一步焕发首都职工劳动热情和创造活力的强大动力，要全面培育“劳动创造幸福”价值理念，团结凝聚全市职工，促进首都科学发展。

2月10日　市总工会十二届七次委员会议召开。会议选举潘建新、高小强、张青山为市总工会副主席。

2月13日　中纪委、中组部、国务院国资委、监察部、全国总工会、全国工商联联合下发《企业民主管理规定》。这是26年来我国首次以6部门共同颁布规章的形式全面规范以职工代表大会为基本形式的企业民主管理制度，并且打破了企业所有制界限，明确非公有制企业也应实行民主管理。

3月6日　市总工会印发《开展“面对面、心贴心、实打实服务职工在基层”活动实施意见》。

3月14日　市总工会印发《关于2012年度在全市职工中开展“劳动创造幸福”主题教育活动的通知》。

3月23日　北京市厂务公开协调小组转发了中纪委、中组部、全国总工会等六部门联合下发的《企业民主管理规定》，要求广泛开展学习宣传培训活动，认真对照《规定》，对本地区、本单位厂务公开民主管理工作制度进行梳理，完善制度，规范程序，推进企业职代会的规范化、制度化建设。

3月24日　首都农民工大学生助推计划第一期新生开学典礼在市总工会职工大学举行，140名农民工学员开始了为期两年半的大学生活，学费全部由市总工会承担。2014年7月19日，140名农民工大学生如期毕业。

3月27日 市总工会印发《关于做好首都职工“五一”假日文化服务工作的通知》，于4月29日至5月1日举办首届首都职工“五一”假日文化系列活动，全市参加文化活动的职工超过100万人次。此后至2019年，每年均开展该项活动。

4月23日 市总工会正式推出《在职职工医疗互助保障计划》。新的职工互助保障计划依据北京市医疗保险相关政策规定，对于门诊治疗、住院治疗“自付一”的费用进行医疗补助，有效地缓解了职工的医疗负担，把普惠制、网络化、高效快捷的服务落到实处。该计划简称“二次报销”。截至2021年9月，累计受助职工253万人、2055万人次，互助金额25.43亿元，已成为市总工会服务职工的品牌项目。

4月26日 刘淇、郭金龙、梁伟等市领导来到北京市职工服务中心，亲切会见劳模代表、技术能手和2012年全国五一劳动奖章获得者与部分首都劳动奖章获得者，向全市劳动者提前致以节日的问候，并围绕“加强社会管理创新，建设服务型工会”进行调研。刘淇强调，工会组织要坚持首善标准，大力践行北京精神，发挥枢纽型社会组织作用，切实保障职工权益，激励职工探索钻研，服务首都创新发展。

同日 市温暖基金会举行“职工服务公益孵化”项目签约仪式，与专家评审会中标的9家公益机构签订了项目资助协议。

4月27日 全国总工会庆祝“五一”国际劳动节大会召开。大会宣布关于表彰全国五一劳动奖状、全国五一劳动奖章、全国工人先锋号的决定。北京市共有9个单位荣获全国五一劳动奖状，38名职工荣获全国五一劳动奖章，33个集体荣获全国工人先锋号称号。

5月10日 由全国总工会主办、全国总工会女职工委员会和北京市总工会承办的《女职工劳动保护特别规定》宣传月启动仪式暨大型咨询日活动在北京市劳动人民文化宫举行，来自全市各行业的700余名女工代表参加了仪式。

5月14日　市人力社保局和市总工会等单位联合发出《关于2012年推进工资集体协商签订集体合同工作的意见》，要求在规模企业侧重开展专项工资集体协商，在非公有制小微企业集中的区域侧重开展行业性、区域性工资集体协商。

5月17日　由北京市教育委员会、北京市教育工会联合主办，首都师范大学承办的首届北京市中小学教职工实验技能比赛及教师多媒体课件制作比赛表彰会在首都师范大学举行。此赛事为第二届北京市职工职业技能大赛的分项赛事之一，来自北京市16个区县的1300余名教师、1600件作品参加了角逐。

5月30日　市总工会印发《关于在工会干部和职工中开展法制宣传教育的第六个五年规划（2011—2015年）》。

6月15日　经北京市机构编制委员会办公室批准，北京市技术交流中心、北京市总工会职业介绍服务中心（北京市总工会人才服务中心）合并，设立北京市职工服务中心（北京市技术交流中心）。

6月21日　市总工会下发《关于配合做好〈劳动合同法修正案（草案）〉公开征求意见工作的通知》，动员企业、职工、专家学者积极表达意见，参与网络投票。累计组织网络投票12000余人次，向全国人大常委会发送意见信函16封，为全国人大修改《劳动合同法》提供了参考依据。

7月13日　市总工会十二届八次委员（扩大）会议暨半年工作会议召开。梁伟在会议讲话中强调，工会干部要通过学习北京市委第十一次党代会报告，进一步回答解决好“为了谁”、“代表谁”、“我是谁”的问题；要把“维权要到位、服务要做实、发展要全面”作为做好当前工作的响亮口号喊出来，把更多的力量直接用于服务职工群众。会上，选举陆晓光为市总工会副主席。

7月25日 市总工会领导及产业工会负责人前往因暴雨肆虐造成的“7·21”特大自然灾害重灾区——房山区、通州区、丰台区和门头沟区，看望因公殉职的职工家属，慰问坚守一线的职工，并送去首批互助保障金和慰问金。

7月—12月 根据第七次全国职工队伍状况调查的统一安排，市总工会开展北京市职工队伍状况调查。北京市是本次全国调查选定的15个省（区、市）之一，调查的主要方法包括：问卷抽样调查、典型单位调查、职工个案访谈等。结合北京市的实际情况和工会调研力量，调查组选定的分课题有：职工劳动经济权益、民主政治权利实现情况、全市劳动关系现状以及劳动关系调整机制建设情况、工会法律服务工作情况、职工科学文化技术技能素质情况、职工劳动保护与安全卫生情况、职工队伍思想动态和职工文化建设情况、全市工会组织建设基本情况等。在此基础上，撰写了《北京市职工队伍状况研究》的总报告。

8月17日 因摩托罗拉移动控股公司在北京地区大规模裁减员工，引起职工不满，朝阳区总工会启动响应机制，进驻企业与企业工会进行沟通，指导企业建立沟通平台，及时了解、反映职工诉求。在区总工会等多方努力和积极协商下，最终472名员工与企业化解矛盾、解除劳动合同，分批得到经济补偿，涉及金额近1.4亿元，最大限度地维护了职工群众的合法权益。

9月3日 集帮扶中心、信息中心、培训中心、活动中心、会议中心和展示中心六大功能于一体的北京市职工服务中心正式投入运行。位于西城区虎坊路13号的服务中心总面积为1.8万平方米，能够为全市职工提供就业、法律等多方面的服务。

9月6日 市委、市政府召开庆祝教师节大会，隆重表彰10名北京市人民教师、10 名北京市人民教师提名奖、20 名北京市师德标兵和 241 名师德先进个人。中共北京市委书记郭金龙，教育部副部长鲁昕，市委副书记、代市长、市政协主席王安顺，副市长洪峰等领导为获奖教师颁发了荣誉证书。北京大学教师张礼和、北京市怀柔区喇叭沟门满族中学教师潘维松、北京市第一幼儿园教师蔡涛、北京市工贸技师学院杨朝辉发言。

同日 北京汽车零部件行业工会联合会成立。这是以大企业为龙头，以产业链、经济体为纽带，企业工会自愿联合组成的工会联合会，覆盖了本行业 90 家企业、3.6 万名职工。是全市第一家市级行业工会联合会。

9 月 24 日 市总工会下发《关于深化工会三级服务体系建设，参与加强和创新社会管理的意见》。《意见》指出，加强工会三级服务体系建设，要主动融入首都工作大局，以做强做实工会服务站为重点，推动服务体系融入网格化社会服务管理平台，促进产业系统服务体系和地方服务体系的有机衔接，加强与各类社会组织的联系，努力提高三级服务体系建设的科学化、规范化、精细化水平，进一步建立和完善三级服务体系的工作阵地、工作队伍、工作平台、工作载体和运行机制，探索形成与中国特色世界城市相适应的城市工会工作模式。

9 月 26 日 市总工会命名长辛店二七纪念馆、时传祥纪念馆、首钢总公司陶楼、怀柔区庙上村红色教育基地为首批北京市职工爱国主义教育基地。2015 年命名京西山区中共第一党支部纪念馆为北京市职工爱国主义教育基地。2016 年命名平西抗日战争纪念馆、平北红色第一村纪念馆、冀东抗日根据地纪念馆为职工爱国主义教育基地。

9 月 针对国务院法制办发布的《劳务派遣若干规定（征求意

见稿）》，市总工会法律部召开专家研讨会进行分析，动员专家学者向国务院法制办表达意见。累计以书面形式提供意见和建议 14 条，为依法规范劳务派遣制度提供参考依据。

10 月 19 日 第一届首都金融系统文化建设与发展和谐劳动关系论坛暨成果展举行。

中国特色社会主义新时代

2012 年（11 月—12 月）

11 月 8 日—14 日　中国共产党第十八次全国代表大会召开，15 日，中共十八届一中全会选举习近平为中央委员会总书记。从此，围绕实现社会主义现代化和中华民族伟大复兴的总任务，一系列理论创新和实践创新相继展开，中国特色社会主义进入新时代。

11 月 28 日　市总工会印发《关于认真学习宣传贯彻党的十八大精神的通知》，要求各级工会深入开展学习宣传贯彻党的十八大精神主题实践活动，使十八大精神进企业、进区县，深入职工群众心间。市总工会机关系统分别于 11 月 20 日、11 月 23 日举办了两场学习贯彻十八大精神报告会。

12 月 4 日　北京首家直接面向出租车司机的工会服务站——“的士职工之家”在 T3 航站楼地下停车场揭牌。2014 年 4 月 28 日首都机场西区“的士职工之家”启用。2017 年 8 月 16 日顺义区铁匠营京顺路加油站“的士职工之家”挂牌启用。2019 年 10 月 29 日，北京大兴国际机场“的士职工之家”授牌。

12 月 25 日　北京市政法卫生文化工会成立大会召开。至此，本市 8 大产业工会全部组建完毕，即北京市教育工会、北京市建筑工会、北京市交通运输工会、北京市工业（国防）工会、北京市服务工会、北京市金融工会、北京市直属机关工会、北京市政法卫生文化工会。

12 月 28 日　北京市保安服务行业工会联合会成立。这是全国首个省级保安服务行业工会联合会，覆盖企业 140 家、职工 20 余万人。

12 月　本市建立了劳模专项补助资金。资金规模每年约 2000

万元，由市财政向市总工会拨付，用于劳模的慰问与帮扶，包括春节慰问、生活困难补助、特殊困难帮扶、健康体检、健康疗休养等五个方面。2016 年起，将劳模专项补助资金提高到每年 3000 万元。

本年 市总工会建立了涵盖录入、统计、监管三大功能的百人以上企业集体协商数据管理平台。至年底，全市签订工资专项集体合同 1.3 万份，覆盖企业 6.7 万家，覆盖职工 225.7 万人，工资专项集体合同建制率 80.5%。3534 家百人以上建会企业已签订工资专项集体合同 2516 家，签订率 71.2%。

2013 年

1 月 18 日 市总工会十二届九次委员（扩大）会议召开，审议通过题为《在创新中落实，在落实中创新，开创具有首都特点的城市工会工作新局面》的工作报告。

1 月 24 日 市总工会印发《关于进一步加强和创新基层单位“职工之家”建设，提高服务职工能力的意见》。指出“职工之家”作为三级服务体系的重要组成部分，是基层工会发挥作用的主要阵地。要赋予“职工之家”新内涵和新内容，以“会家合一”为形式，全面推进全市“职工之家”服务设施实体化、服务职责明晰化、管理制度规范化、运行机制科学化，努力将基层单位“职工之家”建设成为反映职工利益诉求、解决职工实际困难、维护职工合法权益、服务职工职业发展、丰富职工文化生活的单位内部“工会服务站”，促进三级服务体系健全完善，实现工会服务工作全面覆盖。

1 月 28 日 市总工会召开十二届九次委员（扩大）会议，下发 9 个落实《关于深化工会三级服务体系建设参与加强和创新社会管理的意见》的执行性文件。即关于进一步完善工会三级服务体系运行机制的实施方案、关于加强工会服务站规范化建设实施方案、关于进一步加强和创新基层单位“职工之家”建设提高服务职工能力的意见、关于进一步推进社区联合工会建设的意见、关于加强和改善产业工会的工作意见、北京市专职工会社会工作者管理办法（试行）、关于发挥工会枢纽型社会组织作用引导社会组织服务职工群众的工作方案、关于加强工会服务设施建设的指导意见、关于进一步推进职工互助保障工作的实施方案（合称“1+9”文件）。这是继工会“1+6”文件和“职工发展规划”以来，市总工会又一次制定下发全市工会系统探索建设具有时代特征、中国特色、北京特点首善工会的指导性文件。

1 月 29 日　北京市金融工会与“一部四局四会”（人民银行营业管理部、北京银监局、北京证监局、北京保监局、北京市金融工作局和北京市银行业协会、北京证券业协会、北京保险行业协会、北京期货商会）召开 2013 年度工作联席会议。就 2013 年主要工作完成情况、2014 年工作思路及加强合作的重点工作进行了通报和协商。

1 月—2 月　元旦、春节期间，市总工会的送温暖活动突出办实事、社会化、全覆盖、普惠制、转作风五大特点。全市工会共筹集 1.07 亿元款物，慰问困难企业 1775 家，困难职工家庭 1.7 万户；继续开展“农民工被拖欠工资就近找工会”活动，帮助 3099 名农民工追讨欠薪 1153.23 万元，各级工会为农民工购买返乡车票 30 余万张；面向持“京卡·互助服务卡”的职工开展“全覆盖”和“普惠制”系列惠赠活动。

3 月 6 日　市总工会、市人力社保局、市司法局、市高法、市信访办、市企联、首都综治办等七部门联合下发《关于进一步深化我市劳动争议调解联动机制建设的意见》，进一步明确和细化各方职责，要求建设劳动争议调解长效机制，着力推进企业劳动争议调解组织建设，强化企业自主解决争议的责任。

3 月 25 日　市总工会、市残疾人联合会和首都医科大学签署三方共建协议，在北京工人疗养院的基础上共同建设首都医科大学附属北京康复医院。2014 年 1 月 29 日，北京市机构编制委员会批准北京工人疗养院更名为首都医科大学附属北京康复医院（北京工人疗养院）。

3 月 29 日　北京市金融系统第一家区县金融企业工会联合会——西城区金融工会联合会召开成立大会。此后，海淀区金融工会、东城区金融工会、朝阳区金融工会相继成立。

4 月 13 日　北京市保安服务行业第一届职工代表大会第一次会议召开。全市 140 家保安公司法定代表人、近 200 名职工代表参加会议，大会审议通过了职代会工作制度（草案）、集体协商制度（草案）和工资集体协商协议书（草案）。保安行业工会和协会双方首席代表在《工资集体协商协议书》文本上签字。这是北京市首次市级行业集体协商。

4 月 23 日　市总工会发布消息：今年共有 389 人获得首都劳动奖章，其中，一线职工和专业技术人员 239 名，占 61%；首都劳动奖状推荐对象共 71 个，其中非公有制企业 19 个，占 27%；首都工人先锋号推荐对象 137 个，其中企业班组 91 个，占 66%；非公有制企业班组 42 个，占 31%。同时，北京市共有 37 人获全国五一劳动奖章，10 个单位获全国五一劳动奖状，33 个单位获全国工人先锋号。

4 月 28 日　市委书记郭金龙、市长王安顺等市领导来到市总工会，与首都劳模代表座谈，共话实现中国梦的光明前景，共庆劳动人民的光荣节日。郭金龙在讲话中希望广大职工群众以旺盛的劳动热情和创造活力，努力成为首都改革发展的标兵；要大力弘扬劳模精神，在全社会唱响工人伟大、劳动光荣的时代强音；维护好广大职工群众的切身利益，使大家共享改革发展成果。

4月29日 市总工会召开会议，集体传达学习4月28日习近平总书记在劳动模范共话中国梦座谈会上的重要讲话精神，以及市领导在与首都劳模代表座谈时的讲话。5月3日，市总工会召开动员部署会，并印发《关于认真学习贯彻习近平总书记在劳动模范共话中国梦座谈会上的重要讲话精神的通知》，要求各级工会干部认真学习、深刻领会、准确理解习近平总书记重要讲话精神实质，将讲话精神贯彻落实到工会工作实践中，全方位服务职工、造福劳动者，凝聚起实现中国梦的强大合力。

同日 “太庙国学讲坛”启动仪式在劳动人民文化宫举行。从此至2021年，每年数讲。

5月22日 全国总工会副主席、书记处第一书记陈豪来到市总工会，就首都工会学习宣传贯彻落实习近平总书记重要讲话精神的情况进行调研。

5月31日 市总工会向全市社会组织发布购买五大类20个方向不少于35个职工类服务项目。购买服务项目的资金额度为每个项目3万—10万元。经广泛宣传动员，社会组织响应积极。至年底，55家社会组织购买了58个服务项目，涵盖职工职业生涯发展、职工心理健康促进、职工婚姻家庭建设、农民工社区融入等服务内容。市总工会购买服务延长了工作手臂，引导社会组织良性发展，共同服务于职工群众。

6月26日 市总工会成立劳动模范工作领导小组，领导小组下设办公室。这是全国省级总工会中设立的第一个劳模工作专门机构，也是市总工会劳模管理服务工作的又一突破。

6 月—8 月 按照全国总工会《关于充分发挥工会劳动保护监督检查作用，促进企业安全生产的紧急通知》的要求，市总工会动员全市各级企业工会开展群众性安全生产监督检查，排查隐患，督促整改，并对部分高危行业和重点企业进行了抽查。

7 月 10 日 市总工会印发《关于进一步加强职工书屋规范化建设的通知》。

7 月 12 日 市总工会召开工会代表会议暨第十二届委员会第十次全体（扩大）会议，李毅当选为市总工会副主席（挂职）。会议还选举了 46 名北京市出席中国工会第十六次全国代表大会代表，于 10 月 18 日至 22 日参加了在北京召开的中国工会十六大。

7 月 15 日 首都劳动模范宣讲示范团在北京市职工服务中心举行“中国梦 · 劳动创造幸福”首场报告会。此次劳模宣讲示范团首批成员共 10 人，包括一线技术工人、教师、公交车司机、商场售货员、医学专家、医院护士、交通警察、邮政投递员、工艺美术师等。市总工会举办劳模宣讲活动旨在发挥劳模典型示范作用，用先进思想和模范行动影响和带动全市职工自觉把个人梦想与中国梦紧密联系在一起，坚持勤奋劳动、诚实劳动、创新劳动，为首都科学发展贡献智慧和力量。

7 月 15 日—9 月 26 日 北京市金融工会、北京保险行业协会联合举办了第四届北京市职业技能大赛保险行业车险定损员比赛。全市 33 家保险公司的 1600 名选手参赛。共评出 10 名“十佳车险定损员”、20 名“优秀车险定损员”、70 名“车险定损员能手”。

7 月 18 日 市总工会召开党的群众路线教育实践活动启动工作会，印发了《关于深入开展党的群众路线教育实践活动的实施方案》。

7月23日　《北京日报》报道，本市已经建立起一支覆盖市、区、街道（乡镇）三级的专（兼）职工资集体协商指导员队伍。在区域性、行业性协商方面，市总工会通过“抓点带面”、“抓头带线”等方式，在全市建筑、商贸、百货、餐饮、旅游、家政、护工、保安、美容美发以及印刷装订等43个行业开展了工资集体协商。全市共有科技园区、楼宇、街道（乡镇）、社区（村）等837个区域开展了工资集体协商，覆盖2.7万家企业。

7月27日　市总工会下发《关于推进街道乡镇总工会建设的意见（试行）》。

8月23日　市总工会各产业、各部门搭载三级服务体系平台专题会议召开。会议明确要求，市总工会各部门、各产业与三级服务体系平台进行无缝对接，让工会推出的服务真正“落地”，职工可以在一个平台上了解各个地区或部门推出的服务项目以及举办的活动。

8月27日　市总工会下发《关于进一步加强基层工会经费使用管理的通知》，提出“严格执行八项规定、建立健全管理制度、规范使用工会经费、完善各类报销手续、接受各类审计监督”五点要求。

9月11日　市总工会发布在职职工职业发展助推计划。助推计划涵盖职业（工种）达200个，包括装备制造、电子信息、交通运输、生物医疗和文化创意等重点领域。助推对象主要为取得国家一级（高级技师）、二级（技师）、三级（高级技能）职业资格证书的职工。助推标准：一级2000元，二级1000元，三级800元。从此至2021年，该计划持续多年未间断。

10月20日　首都职工第九套广播体操交流展示活动在工人体育场举行。来自全市各级工会、企事业单位的800多名职工、40支代表队参加了该活动。

10月30日 中共北京市十一届市委常委会第六十八次会议听取了市总工会关于“中国工会第十六次全国代表大会和我市工会工作情况的汇报”。

11月1日 市总工会召开十二届十一次委员（扩大）会议。会上传达了习近平总书记在同全总新一届领导班子集体谈话时的重要讲话、工会十六大精神和市委常委会指示精神。会议下发《北京市总工会关于学习贯彻落实习近平总书记重要讲话精神的通知》。

11月7日 市总工会发布《关于认真做好2013年困难职工摸底调查工作的通知》，从即日起到12月中旬，全市各级工会全面启动困难职工的摸底调查，并建立健全困难职工档案。

11月8日 北京市构建和谐劳动关系工作会议以电视电话会议的形式召开。市人力社保局、市总工会、市企联、市工商联、市国资委、市公安局、市住建委分管负责同志以及部分受表彰先进单位相关负责同志参加会议。市协调劳动关系三方代表宣读了《关于表彰北京市构建和谐劳动关系先进单位和先进个人的决定》。企业代表和职工代表分别宣读《构建和谐劳动关系倡议书》。

11月19日 市总工会印发《关于进一步加强北京工会宣传思想工作的意见》。

12月26日 市总工会首次命名北京市职工文化示范单位和北京市职工体育示范单位。北京市海淀工人文化宫等5个单位获得2013年度北京市职工文化示范单位，北京金风科创风电设备有限公司等5个单位获得2013年度北京市职工体育示范单位。

本年 基层工会服务站达819个，50人以上单位达标的“实体化职工之家”达7485家；“12351”服务热线接通量达10.37万次，网站访问达711.8万次；工会会员实名信息采集数量413.1万人，已办理“京卡·互助服务卡”306.9 万张，共搭载 387 项免费或优惠服务项目。

本年 为贯彻落实《十八届中央政治局关于改进工作作风、密切联系群众的八项规定》及其实施细则和中共北京市委有关文件精神，市总工会先后出台了《关于贯彻中央改进工作作风、密切联系群众八项规定的实施办法》、《市总工会关于加强机关系统作风建设的若干规定》及《市总机关关于进一步改进作风、严格落实“十个严禁”的规定》等有关文件，就加强市总机关干部作风建设提出要求。

2014 年

1 月 10 日 全国政协副主席卢展工就建筑工人工伤维权问题来京调研，市总工会汇报了工会组织维护农民工工伤权益情况。市委书记郭金龙，全国政协社会和法制委员会主任孟学农，市政协主席吉林参加座谈。

1 月 16 日 市总工会女职工委员会启动首批“妈咪屋”（母婴关爱室）建设。

同日 北京市交通运输工会举办“暖·的士情——2014 的士新春联谊会”，首都近 200 名优秀的士司机代表参与。的士新春联谊会始于 2007 年，至 2018 年，每年举办。

1 月 26 日 市总工会十二届十二次委员（扩大）会议召开，大会通过《抓住机遇 改革创新 奋力开创首都工会工作新局面》的工作报告。

2 月 市总工会经与市人社局、市公安局多次协调，为北京市环卫集团垃圾清扫员任小云等 3 名全国劳模解决了农民工在京落户问题。

3月1日 第十四期北京市职工文学创作研修班举办开班式，著名作家毕淑敏讲授文学写作课程。北京市职工文学创作研修班由市委宣传部、市总工会、市文联于1996年10月创办，2017年11月举办第十六期后停办。经过十六期的文学创作指导，陆续培养了2000余名业余文学作者，约60人被北京作家协会吸纳为会员，20余人加入了中国作家协会。

3月3日 北京市第一支职工志愿服务总队——首都职工志愿北汽集团服务总队成立。

3月21日 市总工会与市高院联合下发《关于进一步加强各区（县）总工会与法院劳动争议调解联动工作的通知》，要求建立工作联系制度、对口培训制度，明确司法确认流程。

3月25日 市政府法制办对《北京市工资集体协商规定》准予立项。2014年至2017年，此项立法连续四年被列为市政府年度立法计划中的二类项目。2018年、2019年市总工会继续通过政协团体提案呼吁加快推动制定此法。

4月3日 市总工会印发《关于开展工资集体协商集中要约行动的通知》，定于2014年第二季度在全市范围内开展工资集体协商集中要约行动。

4月4日 国际劳工组织工人活动局局长玛利亚·赫莲娜、国际劳工组织专家拉赫万组成的专家组到北京经济技术开发区调研访问。

3月—10月 市总工会在全市职工中开展“2014年度‘中国梦·劳动创造幸福’主题教育活动”，旨在大力培育和践行社会主义核心价值观，引导职工牢固树立“劳动最光荣、劳动最崇高、劳动最伟大、劳动最美丽”理念。该活动起源于2012年，至2021年每年开展。

4月11日 市委印发《中共北京市委关于进一步做好工会工作的意见》，强调要充分发挥全市工人阶级主力军作用、促进劳动关系和谐稳定、全心全意为职工群众服务、提高工会组织凝聚力吸引力、加强和改进党对工会工作的领导。4月24日，中共北京市委召开北京市工会工作会议。市委书记郭金龙出席并讲话。市委副书记、市长王安顺主持会议。市总工会主席梁伟向大会作工作报告。全国总工会、市政府、市人大、市政协有关领导出席会议。

4月24日—26日 北京市工会第十三次代表大会在北京会议中心召开，出席大会的正式代表646人。市委书记郭金龙，全国总工会副主席、书记处第一书记陈豪出席会议并讲话；市委副书记、市长王安顺作经济形势报告，市政协主席吉林等领导出席会议。市人大常委会副主任、市总工会主席梁伟代表北京市总工会第十二届委员会作了题为《充分发挥工会组织作用，团结动员全市职工为建设国际一流的和谐宜居之都而努力奋斗》的工作报告。大会选举产生了市总工会第十三届委员会和经费审查委员会。在市总工会十三届一次委员会议上，选举产生常务委员29人；选举梁伟为市总工会主席，王玉英、潘建新、高小强、张青山、韩世春、陆晓光、王永浩、赵郁（兼职）等9人为副主席。经费审查委员会选举何广亮为主任。

5月1日 《劳动创造幸福》组歌在北京音乐厅首演，由北京市劳模合唱团演唱。该组歌由北京市总工会联合中国东方演艺集团组织国内顶尖词曲作家创作，是国内首次以歌颂劳动为主题的大型声乐套曲，以“劳动者的一天”为主线，分为《北京晨曲》、《劳动》、《创造》、《幸福》、《圆梦北京》五个部分共十四首曲目，充分展现了“人世间的一切幸福都是靠辛勤劳动创造的”这一深刻内涵。

5月12日 国家主席习近平与土库曼斯坦总统别尔德穆哈梅多

夫在北京市劳动人民文化宫太庙广场出席世界汗血马协会特别大会暨中国马文化节开幕式。

5 月 15 日 按照《北京市—什邡市合作框架协议》精神，什邡市总工会来京与北京市总工会议定对口合作事项，包括什邡市总工会组织劳模到北京市工人北戴河疗养院疗休养，并选送工会干部进京参加学习培训等。

5 月 29 日 房山区工会会员持工会京卡免费挂号就医服务项目在全区范围内启动，参与该项服务的医疗机构达到 29 家。

5 月—11 月 北京市交通运输工会与北京康复医院针对的士司机易发的职业病，为全市 14 家出租车公司共 1000 名的士司机进行免费体检。2016 年至 2021 年，每年为 3000 名的士司机进行免费体检。

6 月 3 日—7 日 北京出租车志愿互助服务总队启动仪式在北京工人体育场举办，同时启动 2014 年出租车免费接送高考考生活动。

6 月—10 月 北京市金融工会分别与北京保险行业协会、北京证券行业协会联合举办了第五届北京市职业技能大赛保险行业人身险业务员比赛、证券业投资顾问比赛。全市 52 家人寿保险公司的 6.7 万余名业务员与 152 家证券机构的 1500 名从业人员参赛。共评出 10 名“十佳人身险业务员”、20 名“优秀人身险业务员”、70 名“人身险业务能手”和 10 名“十佳投资顾问”、20 名“优秀投资顾问”、10 名“优秀参赛选手”。

6 月—12 月 市总工会与市卫计委联合举办北京市妇幼健康技能竞赛。竞赛设“围产保健”、“儿童保健”、“妇女保健”、“计划生育技术服务”4 个项目。市级竞赛获奖选手择优组成北京代表队参加国家级竞赛，获全国妇幼健康技能竞赛团体一等奖及多个单项奖。

7 月 9 日 市总工会女职工委员会六届一次会议召开，选举市总工会党组成员、副主席王玉英为女职工委员会主任。

9月1日　北京市餐饮行业连锁企业和特色美食街区工资协商与女职工权益保护专项集体合同签字仪式在北京职工服务中心举行。从此至2019年，每年都开展市级餐饮行业工资集体协商。

9月8日　梁伟到北京理工大学看望慰问我国雷达领域著名学者、全国先进工作者、北京市劳动模范毛二可院士，送上节日祝福。

9月15日　北京市职工发展心理体验示范中心建设完成。

9月21日—24日　市总工会举办2014’首都工会工作国际研讨会，来自白俄罗斯、日本、哈萨克斯坦、韩国、俄罗斯5个国家首都工会的18名领导人及代表和中国首都工会工作者、专家学者近百人出席此次会议。与会人员围绕“发挥工会作用，促进职业发展”这一主题，结合技能培训、劳动者权益维护以及劳动争议调处进行了平等、坦诚、务实的交流和热烈的讨论，达到了深化了解、加深友谊、增进共识、相互借鉴、促进合作的目的。

10月21日　全国工会推进会员普惠制工作交流观摩会在北京市职工服务中心召开。与会人员观看了北京市打造服务型工会专题片，了解了北京市推行工会会员实名制管理、建立会员服务信息平台情况，实地考察了京能集团太阳宫燃气热电有限公司职工之家和朝阳区建外街道工会服务站。

10月24日　市总工会和市人力社保局联合下发《北京市模范职工之家、模范职工小家和优秀工会工作者评选表彰暂行办法》，根据《北京市加强评比达标表彰活动管理实施细则（试行）》有关规定，将此前的“两模三优”评选表彰精简成了“两模一优”①，继续坚持两年评选一次。依据该办法，2015年、2017年分别开展了两次“两模一优”评选工作。

① “两模一优”，即北京市模范职工之家、北京市模范职工小家、北京市优秀工会工作者。

10月—12月 市委教育工委、市教委、市教育工会联合开展2014年北京市师德先进个人（标兵）选树活动。民主推荐产生了北京市师德先进个人254名，并从中选树20名北京市师德标兵。该选树活动始于1997年，涵盖高校系统、普教系统、中职系统，基本上两年开展一次。2016年更名为北京市师德先锋（榜样）推荐和宣传活动，纳入“北京榜样”品牌体系。2018年继续开展北京市师德先锋（榜样）推荐活动。

11月25日 北汽奔驰赵郁创新工作室、国网北京电力工程公司张文新创新工作室、市政路桥建材集团柳浩创新工作室被全国总工会命名为全国示范性劳模创新工作室。

12月4日 市总工会组织开展“纪念《劳动法》颁布20周年知识竞赛”总决赛。

12月5日 根据北京市南水北调对口协作工作安排，北京市总工会与湖北省十堰市总工会签署对口协作框架协议。2015年10月23日双方签订补充协议，内容包括为十堰市工会干部免费举办专题培训班，安排十堰市总工会干部分批次到北京市总工会挂职锻炼，互相组织劳模疗休养等，同时北京市总工会捐赠1070万元支持十堰工会建设发展。

12月15日 北京市家具企业工会联合会成立。

12月 首都职工体质促进中心在北京工体落成。

本年 “石景山劳模林”在莲石湖公园建成。

2015年

1月9日 市总工会印发贯彻落实《中共北京市委关于进一步做好工会工作的意见》的15个实施方案，即关于进一步加强劳模队伍建设的实施方案、关于进一步促进技能人才队伍建设的实施方案、关于进一步加强网络宣传工作的实施方案、关于进一步加强维护职工权益制度建设的实施方案、关于进一步加强工会法治化建设的实施方案、关于劳动关系重大事件的处置方案、关于进一步做好服务职工工作的实施方案、关于进一步发挥工会枢纽型社会组织作用的实施方案、关于建设首都职工志愿服务体系的实施方案、关于进一步推进依靠工会会员办会的实施方案、关于进一步加强基层工会建设的实施方案、关于进一步发挥产业工会作用的实施方案、关于进一步加强工会工作者队伍建设的实施方案、关于进一步加强廉洁办会工作的实施方案、关于进一步加强调查研究工作的实施方案（合称“1+15”文件）。“1+15”文件充分肯定和继续坚持了“1+6”和“1+9”文件中行之有效的体制机制和方式方法，坚持以问题为导向，以职工维权服务发展需求为风向标，以工会重点工作实现路径上的创新为手段，提出了新的目标、任务、思路和要求。

1 月 13 日　市总工会第十三届委员会第二次全体（扩大）会议在北京职工服务中心召开。会议下发了“1+15”文件，通过了《团结动员全市广大职工在首都全面深化改革 全面推进法治建设中充分发挥工人阶级主力军作用》的工作报告。

1 月　市总工会法律服务中心在《劳动午报》发布“2014 年北京劳动维权十大案例”。此后，每年发布上一年度“北京工会劳动维权十大案例”。自 2018 年起，每年 3 月发布上一年度“北京工会维护女职工权益十大案例”。

2 月 15 日　市总工会印发《关于在广大职工中培育和践行社会主义核心价值观的实施意见》。

3 月 11 日　北京市交通运输工会、市交通委运输管理局出租汽车管理处和市出租汽车暨汽车租赁协会联合召开沟通协调会，通报劳动模范推荐评选情况及行业综合施策成效，并就劳动关系三方组成人员调整和完善行业集体协商机制进行了沟通。

3月 市总工会女职工委员会开展首届“女职工维权行动月”活动。此后每年3月开展该活动。

4月8日 市总工会印发《北京市工会深入推进集体协商行动计划（2015—2018年）》，确立了“巩固协商成果，推进规范建制，提高协商质量，增强合同实效”的工作思路和目标任务。

4月28日 全国劳动模范和先进工作者表彰大会在北京人民大会堂隆重举行，北京共有94人获得2015年全国劳动模范、全国先进工作者荣誉称号。

4月29日 北京市庆祝“五一”国际劳动节暨表彰劳动模范和先进工作者大会在北京会议中心举行，市领导为1153名北京市劳动模范和先进工作者、197个模范集体的代表颁奖。市委书记郭金龙出席会议并讲话。市委副书记、市长王安顺主持大会，市人大常委会主任杜德印、市政协主席吉林出席会议。大会期间，市领导参观了劳模创新成果展。

5月6日 市总工会印发《关于学习宣传贯彻习近平总书记在2015年庆祝“五一”国际劳动节暨表彰全国劳动模范和先进工作者大会上重要讲话精神的通知》。

5月29日 市总工会召开会议，落实中央关于开展“三严三实”（严以修身、严以用权、严以律己，谋事要实、创业要实、做人要实）专题教育工作的部署和市委的专项安排。

同日 北京康复医院举办首届中国康复论坛。从此，北京康复医院每年举办中国康复论坛。

6月7日 首都职工志愿者首次开展“暖心伴考”志愿服务活动。此后，每年开展该活动。

6 月下旬 北京市交通运输工会建立了出租车司机日常联系制度。与志愿服务车队队长、优秀出租车司机等 34 名出租车司机保持日常联系，及时掌握出租车司机思想、工作情况和行业动态。

6 月 30 日—7 月 31 日 全市各级工会开展为期 1 个月的劳模集中宣讲活动。市总工会成立了由 16 名劳模代表组成的劳模宣讲示范团，深入基层企业宣讲 30 余场，近万名职工现场聆听了劳模事迹报告。

7 月 8 日 全市高技能人才和工会干部实践示范基地（北京市工会干部学院草桥校区）建设项目启动。2016 年 11 月 7 日投入试运行。

7 月 23 日 市总工会印发《北京市总工会关于区县职工服务中心规范化建设的实施方案》。

7 月 市总工会女职工委员会率先在全国开展职工子女暑期托管班试点工作，以职工单位（街道社区）工会运作、市总工会支持、社会组织参与的方式，帮助广大双职工解决子女暑假期间无人看护的后顾之忧。

8 月 7 日 市总工会第十三届委员会第三次全体（扩大）会议召开。会议深入学习贯彻习近平总书记系列重要讲话，特别是在中央党的群团工作会议上的重要讲话精神，落实市委和全国总工会各项工作部署，总结上半年工作，研究部署下半年工作。

9 月 3 日 工体中心顺利完成“9·3”阅兵重装车辆装卸载站的服务保障任务，获得“中国人民抗日战争暨世界反法西斯战争胜利 70 周年纪念活动北京市服务保障工作先进集体”荣誉称号。

9 月 9 日 中共北京十一届市委常委会第一百七十次会议在研究讨论《中共北京市委关于贯彻〈中共中央关于加强和改进党的群团工作的意见〉的意见（讨论稿）》之后，听取关于我市工会工作、共青团工作和妇联工作的汇报。

9 月 15 日 市总工会实施名师带徒助推项目。该项目在市级以上职工创新工作室开展，名师由工作室领军人担任，每个师傅带 2—4 名徒弟，徒弟由专业技术人员、技术工人组成，在平等自愿的基础上确立师徒关系，每对师徒助推资金 2000 元。2015 年评选了 100 对名师带徒。此后每年选拔、支持 100 对。

9 月 23 日 市委印发《关于贯彻〈中共中央关于加强和改进党的群团工作的意见〉的意见》，就新形势下全面加强党委对群团工作的组织领导、坚定不移走中国特色社会主义群团发展道路，推动群团组织团结动员群众围绕首都工作大局建功立业、引导群众自觉培育和践行社会主义核心价值观，支持群团组织做好服务群众和维护群众合法权益工作，在社会主义民主建设、创新社会治理和维护首都社会稳定中发挥作用，推动群团组织改革创新、增强活力，加强群团组织领导班子和干部队伍建设，加强对群团工作的支持保障等方面的内容做出了明确规定，是新时代指导群团组织改革创新的纲领性文件。

9 月 25 日 中共北京市委党的群团工作会议在北京会议中心召开，郭金龙出席会议并讲话。10 月 15 日，市总工会印发《关于学习宣传贯彻中央和市委党的群团工作会议精神的通知》。10 月 19 日，市总工会第十三届委员会第四次全体（扩大）会议召开，就学习宣传贯彻中央和市委党的群团工作会议精神特别是习近平总书记重要讲话精神作出部署。

9 月 27 日—10 月 4 日 由北京市总工会主办，北京市职工技术协会和德国埃尔福特手工业协会共同承办的首届中德职工焊接对抗赛在德国埃尔福特市举行，16 名中方职工选手参赛。第二届、第三届中德职工焊接对抗赛分别于 2017 年 8 月 27 日—9 月 3 日、

2019 年 11 月 24 日—30 日在德国南图林根市举办。前后三届对抗赛共有 53 名中方职工选手参赛，并全部取得德国手工业协会颁发的 DVS 国际认证证书。

10 月 17 日 北京康复医院成功举办 2015 年北京市“职工技协杯”职业技能竞赛——康复治疗师技能大赛。此后，该赛事每两年举办一次。

10 月 19 日 市总工会命名密云县果园街道总工会等 20 家职工心灵驿站并挂牌。从此至 2021 年，市总工会每年评选数十家职工心灵驿站，给予每家建设资金 1 万元；并面向已获职工心灵驿站称号的单位开展优秀职工心理服务项目助推，每个项目给予 2 万—5 万元助推资金。

10 月 22 日 北京市护工服务行业工会联合会成立。

10 月 24 日 由市医管局、市职工技协、北京药学会联合举办的北京市“职工技协杯”药师职业技能大赛决赛圆满结束。本次比赛首次将西药师列入市总工会职业技能大赛。来自北京市 20 余家三级医院及社区的 546 名药师参赛。

11 月 13 日 北京工会“12351”手机 App 上线启用。

11 月 26 日 北京市园林绿化企业工会联合会成立。2016 年 10 月 18 日，签订该行业首轮工资专项集体合同和女职工权益保护专项集体合同。

11 月 27 日 北京市十四届人大常委会第二十三次会议表决通过《北京市实施〈中华人民共和国工会法〉办法（修订草案）》，自 2016 年 1 月 1 日起施行。

12 月 2 日—4 日 市总工会举办学习贯彻中央、市委党的群团工作会议精神及《北京市实施〈工会法〉办法（修订案）》专题示范培训班。

12 月 3 日　北京市政协 2010 年至 2014 年十大最具影响力提案出炉，政协工会界委员于 2010 年 1 月在政协十一届三次全会提交的《关于进一步加强劳动争议调解工作的提案》入围十大最具影响力提案。

12 月 17 日　劳动午报微信在首届全国最有影响力工会新媒体论坛上，获得“全国十佳运营推广策划工会新媒体”和“全国最有影响力工会新媒体”2 个奖项。

12 月 21 日　北京市清洁行业工会联合会成立。2017 年 11 月 10 日签订该行业首轮劳动安全卫生集体合同。

12 月 24 日　北京市平谷区总工会、天津市蓟县总工会、河北省廊坊市三河市总工会、河北省承德市兴隆县总工会签订“平蓟三兴”工会合作框架协议，以深化四地工会在旅游资源互惠共享、技能人才互培互训、异地双向维权等方面合作，推动四地协同发展。

12 月 28 日　根据《北京市人民政府关于撤销密云县、延庆县设立密云区、延庆区的通知》，市总工会批复密云县总工会更名为密云区总工会。12 月 31 日批复延庆县总工会更名为延庆区总工会。

12 月　市总工会向市发改委提交《关于在〈北京市积分落户管理办法（征求意见稿）〉中将“获得省部级以上劳动模范荣誉称号”作为积分加分项的建议函》。经进一步接洽会商，最终为省部级以上劳动模范争取到 20 分加分项。

本年　市总工会与新疆兵团十四师工会、和田地区工会签订了 2015—2018 年对口援疆项目计划书；与西藏拉萨市总工会、青海玉树州总工会签订了 2015—2018 年对口援藏项目计划书。

2016年

1月18日　2016年春节期间工会会员免费逛庙会项目启动，共发放庙会门票30万张。该活动作为北京市总工会“两节”送温暖普惠制服务之一，起源于2011年，至2020年每年开展。

1月20日　北京市医疗器械行业工会联合会成立。

2月3日　中华全国总工会党组书记、副主席、书记处第一书记李玉赋来京慰问困难劳模和困难职工，并考察调研北京市工会工作。市人大常委会党组副书记、副主任牛有成陪同。

2月23日　市总工会召开第十三届委员会第五次全体（扩大）会议，通过《坚定信心　把握机遇　深化改革　创新发展　团结动员首都职工为“十三五”开好局作出新贡献》的工作报告，牛有成当选为市总工会主席。

2月　朝阳区双井街道总工会制定《关于非公有制企业工会工作者补贴指导意见》。明确：对辖区内独立建会的非公有制企业中兼职的工会主席或兼职从事工会工作的人员，企业行政或工会可以向其发放一定数量的补贴，每人每月不超过500元。

2月—10月　各级工会开展学习贯彻《北京市实施〈中华人民共和国工会法〉办法》宣讲活动。市总工会组建讲师团，深入基层工会开展两轮巡回指导。

3月7日—11日　为庆祝“三八”国际妇女节，市总工会女职工委员会和市职工服务中心面向全市工会会员单位联合开展为期一周的“温情三月　呵护心灵”女职工心理关爱服务周活动，旨在帮助女职工调节压力，增强自信，保持积极乐观的心态。此后，每年三月均开展该活动。

3 月 15 日　制定《北京市总工会购买社会组织服务管理办法》，厘清了购买社会组织服务工作的环节和程序。

3 月 21 日　市总工会印发《关于户外劳动者服务站点建设的工作方案》，要求各区职工服务中心和工会服务站充分整合辖区资源，配齐基本设施，为环卫工人、出租车驾驶员、交通警察、快递员和城管协管员等所有户外劳动者提供加热食品、饮水、如厕等基本服务。

同日　市总工会印发《北京市专职工会社会工作者管理办法（修订）》。

4 月 8 日　市总工会实施职工创新发明专利助推项目。针对第一发明人为一线岗位职工的发明专利进行助推，重点关注新一代信息技术、生物、新材料、高端制造业、生产性服务业及节能环保产业等符合首都产业发展的领域。每年不设数量限制，符合条件者全部予以助推，助推标准为 3000 元 / 项，市总工会与基层 1∶1 分担。

4 月 19 日　朝阳区总工会联合区委农工委、区委教工委、区人力社保局下发《关于开展朝阳区农转工技能素质提升工程的实施方案》，在 19 个地区办事处，推进农村城市化、农民市民化，打造覆盖 10 万名农民工的培训品牌。

4 月—7 月　牛有成前往海淀、朝阳、东城、顺义、通州、北京经济技术开发区、中央美术学院、清华大学、北京地税局、北京京燕水利管理有限公司、北京康复医院等单位，就如何深化工会改革、创新工会工作开展调研。

4 月 27 日　北京市授予 69 个单位首都劳动奖状称号，推荐评选出 327 名首都劳动奖章获得者，授予 133 个班组北京市工人先锋号称号。首都劳动奖状、奖章评选活动始于 1986 年。除逢五逢十劳模评选表彰年外，每年都开展首都劳动奖状、奖章和北京市工人先锋号的评选表彰。1986—2021 年，首都劳动奖状和奖章的评选表彰共二十九次；2008—2021 年，北京市工人先锋号的评选表彰共 11 次。

4 月 28 日 郭金龙在北京康复医院调研工会工作并与劳动模范和一线职工座谈，向全市广大劳动者致以节日的慰问。王安顺、张工、牛有成、王宁等市领导陪同。

同日 通州区劳模墙在运河森林公园漕运码头揭幕，墙上镌刻了 881 名通州区劳动模范的姓名。

4 月—6 月 为纪念中国共产党成立 95 周年暨中国工农红军长征胜利 80 周年，市总工会举办第 33 届“五月的鲜花”群众歌咏活动。该活动始于 1983 年，原则上每年举办一次，至 2019 年共举办 36 届。

5 月 9 日 市总工会机关党委印发《北京市总工会“两学一做”学习教育指导方案》，启动“两学一做”（学党章党规、学系列讲话，做合格党员）学习教育活动。

5 月 市委教育工委、市教委、市教育工会、市教育学会和中国教研网共同举办北京市中小学第一届“京教杯”青年教师教学基本功展示活动（简称普教青教赛）。全市（包括燕山在内）17 个区，1103 名青年教师进入了复赛。2018 年开展了第二届普教青教赛。

6 月 13 日 市总工会召开媒体座谈会，就新时期如何弘扬劳动精神、劳模精神、工匠精神以及做好工会常态化宣传工作进行座谈。牛有成出席会议并讲话。市委副秘书长、市委宣传部副部长严力强，市委网信办党组书记、主任佟力强出席会议，中央、市属 18 家媒体的负责人参加座谈。

6 月 21 日 北京市民办学校工会联合会成立。

7 月 13 日 市总工会印发《关于深入学习宣传贯彻习近平总书记

在庆祝中国共产党成立 95 周年大会上重要讲话精神的通知》。

7 月 19 日　北京银行业集体协商会议召开，经协商确定首轮《北京银行业集体合同》和《北京银行业 2016 年度工资专项集体合同》文本，覆盖职工 6 万余人。

7 月 29 日　中共北京市委、北京市人民政府下发《关于进一步构建和谐劳动关系的实施意见》。

8 月 8 日　市总工会、市发展和改革委员会共同发布《北京市"十三五"时期职工发展规划》，针对北京市"十三五"时期职工发展事业面临的形势，围绕职工就业权、收入权、安全权、保障权、参与权和职业发展权的实现，提出了职工发展事业的主要目标、重点任务和保障措施。该规划是北京市"十三五"市级一般专项规划的组成部分。

8 月 30 日—11 月 4 日　市委第四巡视组对市总工会党组进行专项巡视。

9 月 1 日　市委教育工委、市教委、市教育工会召开联席会议，审议 2016 年北京师德榜样（先锋）推荐结果，研究北京师德榜样（先锋）总结工作及宣传工作事宜，听取北京市中小学第一届"京教杯"青年教师教学基本功展示活动进展情况汇报。市委教育工委、市教委、市教育工会联席会议制度建立于 2001 年，至 2017 年，基本上每年召开。

9 月 12 日　市总工会、市人力资源和社会保障局授予第 31 届奥运会中北京市乒乓球队、北京市跳水队 2 个集体首都劳动奖状荣誉称号，授予丁宁等 10 名同志首都劳动奖章荣誉称号。

9 月 14 日　全市工会主席工作会议在北京会议中心召开。会议认真贯彻落实中央和市委党的群团工作会议精神，分析了当前工会工作面临的新形势，总结、部署了相关工作。牛有成在讲话中强调，首都工会工作要围绕需求服务、围绕效率创新、围绕大局“公转”，不断推进工会改革。

9月22日　2016“工体杯”北京市职工三人制男子篮球比赛暨第一届“银盾杯”北京市保安服务行业篮球比赛在工体篮球公园圆满落下帷幕。本次联赛由北京市总工会、北京市体育局联合主办，吸引了全市各行各业68支三人制篮球代表队、700余名职工运动员积极参与。自2012年起各类职工篮球比赛冠以“工体杯”，至2020年，连续9年举办。

10月10日　市总工会启动首届“北京大工匠”选树活动。经过基层推荐、资格审核、工匠比武、“挑战大工匠”系列赛、综合评审等环节，历时1年半，共选树10个职业（工种）大工匠。2018年4月20日，市总工会授予于保樨等10人“北京大工匠”称号，给予每人3万元奖励；授予王志伟等10人“北京大工匠”提名奖称号，给予每人1万元奖励。

10月15日　北京康复医院成功举办2016年北京市“职工技协杯”职业技能竞赛——康复护理师职业技能大赛。此后，该赛事每两年举办一次。

10月21日　市总工会法律服务中心按照中华全国总工会与质检总局联合下发的《关于基层工会组织实施法人和其他组织统一社会信用代码制度的通知》要求，开始办理“两证合一”工作，启用新版证书。

10月25日—28日　北京市总工会、台湾总工会共同主办的“2016京台工会论坛”在京召开。本届论坛以“积极发挥工会作用，促进职工职业发展”为主题，开展主旨发言和自由交流。市人大常委会副主任、市总工会主席牛有成，市台办主任王力军出席会议并致辞。21名台湾工会代表、70多名北京工会代表参加论坛，部分代表作了交流发言。

10 月 26 日　全国劳动模范时传祥青铜像在北京环卫集团落成揭幕。

10 月 28 日　北京市演艺行业工会联合会成立。

11 月 11 日　北京市召开构建和谐劳动关系工作暨表彰大会，对 2013—2015 年度构建和谐劳动关系的 190 家先进单位和 100 名先进个人进行了表彰，并对新形势下构建首都特色和谐劳动关系进行了动员和部署。

11 月 14 日　北京市民营医院行业工会联合会成立。

11 月 25 日　北京市快递行业工会联合会成立。2019 年 1 月 24 日签订快递行业首轮劳动保护专项集体合同。

同日　北京市互联网行业工会联合会成立。

11 月 30 日　市总工会印发《关于在工会工作者和职工中开展法治宣传教育的第七个五年规划（2016—2020 年）》。

同日　北京市食品加工行业工会联合会成立。

11 月　“北京医务人员权益维护专项基金”建立，对在执业过程中受到伤害的医务人员进行救助。

12 月 5 日　首届京津冀职工职业技能大赛在北京开幕。大赛设四轴加工中心操作工、焊工、汽车维修工、计算机程序设计员、天气预报员、维修电工等 6 个项目，三地共 108 名选手参加比赛。大赛由全国总工会倡议设立，京津冀三地工会联合举办。首届大赛由北京市总工会主办。2017 年、2019 年分别由天津、河北主办了第二届、第三届。

同日　市总工会印发《关于进一步做好为农民工服务工作的工作方案》，提出到 2020 年，在京农民工组织化水平明显提高、素质水平持续提升、劳动条件明显改善、工资基本无拖欠并稳定增长、依法参加社会保险等五项目标。

12月6日 市总工会印发《关于进一步加强工会劳动法律监督工作的意见》，要求各级工会组织依法履行工会劳动法律监督职责，运用好“两书”制度——《工会劳动法律监督意见书》和《工会劳动法律监督建议书》。

12月8日 市总工会、市人力资源和社会保障局、市财政局、市教育委员会、市安全生产监督管理局联合发布《关于进一步加强服务职工工作经费保障的意见》，对职工福利费、教育经费、劳动保护费以及工会经费的使用进行了明确规定，为各相关部门维护职工权益、保障职工福利提供了重要依据，受到各基层工会的欢迎。

12月12日—18日 北京市总工会组派代表团赴德国参加中德“北京·南图林根”职工汽车维修对抗赛，并参加相关技术交流活动。2018年10月28日至11月4日再派代表团参加第二届“北京·南图林根”职工汽车维修对抗赛。

12月14日 北京市道路运输行业工会联合会成立。2017年9月20日签订该行业首轮集体合同。

12月26日 北京市职工文学艺术促进会成立。

12月27日 中共北京市委办公厅印发《北京市总工会改革方案》。市总工会改革方案涉及机关机构、组织建设、重点工作、工作方式、网上工作、基层工会工作基础、维护工会系统的稳定、加强和改进党对工会工作的领导等8个方面24条改革措施。按照方案要求，市总工会成立改革工作领导小组，统筹协调和组织实施全市工会系统改革工作，要求各区总工会、各局、集团公司、高等院校工会按照三年完成改革任务的目标，积极对接市总工会改革思路和举措，结合自身实际，制定改革方案。

12月28日 明城墙遗址公园劳模墙揭幕，墙上镌刻了1950

年至 2015 年北京市 1197 名全国劳动模范的姓名。2018 年 1 月 18 日奥林匹克森林公园劳动广场劳模墙揭幕，墙上镌刻了 1952 年至 2015 年 11861 名北京市劳动模范的姓名。

2017 年

1 月 4 日　市总工会第十三届委员会第六次全体（扩大）会议召开。会议专题学习党的十八届六中全会精神，学习《北京市总工会改革方案》和《北京市“十三五”时期职工发展规划》，通过《扎实推进工会改革 组织动员首都广大职工为建设国际一流的和谐宜居之都而努力奋斗》工作报告。

1 月 6 日　“北京市职工孤儿专项基金”设立，用于北京市双职工夫妻因病、因灾去世留下的未成年遗孤的生活赡养及助学帮扶。

1 月 16 日　市总工会和市安全监管局联合下发《关于进一步发挥工会组织在安全生产中作用的意见》。提出探索推进劳动安全卫生专项协商制度、建立群众性安全生产监督检查网络体系、建立市总工会与市安监局联席会议工作机制等创新举措。

3 月 13 日　通州区总工会启动首届“通州工匠”评定工作。

4 月 25 日　全市工会系统改革工作交流推进会在北京职工服务中心召开。

同日　市总工会印发《关于加强职工福利费及教育经费使用、劳动保护标准、高技能人才待遇、带薪休假等集体协商工作的指导意见》(简称“四必谈”)，进一步拓展了协商内容。

4 月 27 日　庆祝“五一”国际劳动节暨全国五一劳动奖和全国工人先锋号表彰大会在北京人民大会堂举行。北京城市副中心行政办公区工程建设办公室等 99 个先进集体荣获全国五一劳动奖状，张海军等694名先进个人荣获全国五一劳动奖章，首发集团京沈高速公路分公司京承收费所等800个先进集体荣获全国工人先锋号。

5月5日　市总工会与市公安局签订《民警家属子女就业指导合作共建协议》和《民警医疗服务合作共建协议》，进一步减轻了公安民警的后顾之忧，完善了民警医疗救治和健康保护机制。

5月16日　市总工会、市安监局召开2017年安全生产工作第一次联席会。会议强调，要深入贯彻落实《关于进一步发挥工会组织在安全生产中作用的意见》，推动“企业负责、职工参与、工会监督、社会支持、政府监管”的首都安全生产社会共治工作格局不断完善。由于政府机构改革，2019年起，改为与市应急管理局召开安全生产工作联席会。

5月23日　市总工会推出“首都职工创业小额贷款”服务项目。为符合条件的转岗分流人员、下岗失业人员、农民工、困难职工以及困难职工家庭子女，北京市户籍复员转业退役军人和北京市总工会管理的国家，市级劳模和先进工作者，高等院校毕业生开办的个体工商户、小型、微型、双创、科技型企业提供最长4年的贷款及贴息服务。其中，个体工商户最高贷款额度为10万元；小型、微型企业最高贷款额度为30万元；双创、科技型企业最高贷款额度为50万元。

5月—11月　根据第八次全国职工队伍状况调查的统一安排，开展北京市职工队伍状况调查。形成了《北京市职工队伍状况研究》总报告，《分享经济平台劳动者就业状况调查及探析》、《网约车驾驶员劳动经济权益调查报告》2篇专题报告，以及各区、各产业分报告25篇，典型单位调查报告30余篇。全国职工队伍状况调查始于1982年，基本上每5年进行一次；北京市按照全国总工会的统一部署，对本市职工队伍状况进行系统调查始于1986年。

6月1日 北京市厂务公开协调小组办公室组织召开北京市厂务公开民主管理工作会。牛有成和市厂务公开协调小组成员单位相关负责同志出席会议。会议总结了近五年来北京市厂务公开民主管理工作，并部署了下一步的工作。会议下发了《北京市深入推进厂务公开民主管理工作行动计划（2017—2019年）》、《关于加强国有及国有控股公司集团型职工代表大会制度建设的意见》、《关于加强职工董事、职工监事依法履职的意见》、《关于深入推进非公有制企业民主管理工作的意见》。此前于2016年8月4日—2017年3月底，北京市厂务公开协调小组办公室选取北京能源集团等14家企业开展了国有企业集团型职代会制度建设试点。

6月15日 由国际奥委会、萨马兰奇基金会共同主办，北京2022年冬奥会组委会、中国奥委会支持的“2017北京奥林匹克博览会”在北京市劳动人民文化宫太庙艺术馆隆重开幕。

同日 市总工会印发《北京市工会社会组织合作单位管理办法（试行）》。

7月15日 “2017年首都职工健身操舞（自创编工间操）展示交流大赛”在工人体育馆举办。来自14家单位的16支代表队报名参赛。该赛事自2013年创办以来，每年一届，2018年起冠名“互助保障杯”。

7月24日—25日 市总工会第十三届委员会第七次全体（扩大）会议暨学习贯彻市第十二次党代会精神、学习贯彻《新时期产业工人队伍建设改革方案》党风廉政教育培训班在北京宽沟会议中心举行。会议选举王敬东、蒋文云、晁学德、徐辉、桂生、周宪梁、郑尚元、刘军等8名同志为市总工会副主席。市总工会班子成员、市总工会委员、经审委员，以及非委员的产业、局、集团、公司、高校，直属基层工会主席、市总机关副处级以上干部、各直属事业单位副处级以上干部参加培训。牛有成出席会议并讲话。

7月26日 市总工会印发《关于深入开展职工沟通会的实施方案》，在总结2016年“职工沟通会”试点经验的基础上，提出建立常态化职工沟通会工作机制，要求各级工会干部深入社区、楼宇、园区、市场、工地等职工密集区域摆摊设点，宣传工会的职能作用和会员服务，现场吸纳职工入会。2018年，市总工会进一步提出建立职工沟通会、企业沟通会“双沟通”工作机制。要求各区总工会每月确定一天作为区级“职工沟通日”，每月不定时走访重点企业；各街道（乡镇）每周开展一次职工沟通会，每月至少开展一次企业沟通会。“双沟通”成为各级工会吸引职工加入工会组织，争取企业行政支持建会，扩大工会组织覆盖面的常态化工作方式。

8月16日 市委副书记景俊海到北京职工服务中心调研。

8月16日—9月23日 北京市金融工会与中国金融工会北京工作委员会联合主办“第六届北京市职业技能大赛理财规划师比赛”。该赛事由北京市理财规划师协会承办，北京市银行业协会、北京证券业协会、北京保险行业协会、北京期货商会、首都金融服务商会协办。来自银行、保险、证券、基金、期货等行业86个单位的3000余名优秀从业人员报名参赛，产生了10名“北京市十佳理财规划师”。2019年7月至10月上述各单位再次联合举办“第七届北京市职业技能大赛理财规划师比赛”。

8月 朝阳区总工会“一统五联”① 党群共建工作机制被列入市委《加强和改进城市基层党建实施意见和重点工作任务》，在全市示范推广。

9月8日 市总工会印发《北京市总工会劳动关系舆情研判及

① “一统五联”，即党委统领，组织联建，工作联动，队伍联合，服务联办，保障联享。

处置工作方案》，建立了舆情研判制度。

9月11日 市总工会印发《关于深入学习贯彻习近平总书记重要指示和群团改革工作座谈会精神的通知》，要求各级工会深入学习贯彻习近平总书记8月22日对群团改革工作作出的重要指示和8月26日召开的中央群团改革工作座谈会精神，认真落实市委常委会研究确定的本市贯彻意见，并就工会系统抓好贯彻落实进行部署。

9月12日 由通州区总工会主办的首届北京市通州区、天津市武清区、河北省廊坊市三地电焊工技能竞赛决赛，在北京城市副中心建设工地隆重开幕。

9月18日 市总工会女职工委员会六届五次委员（扩大）会议召开，选举市总工会党组成员、副主席王敬东为市总工会女职工委员会主任。

9月20日 李玉赋到燕山石化公司调研新时期产业工人队伍建设改革工作。

同日 市委教工委、市教育工会联合下发《关于加强和改进新形势下北京高校工会工作的意见》。

9月27日 大中型无人机在民用领域应用沙龙在北京市工会干部学院草桥校区举办。中国空气动力技术研究院总体设计部主任、无人机专家周乃恩与王小东创新工作室、赵军创新工作室、高博文创新工作室、北京测绘院等8家单位30名高技能人才进行交流。

10月11日 首都职工素质建设工程“寻找职工好讲师”教学基本功竞赛赛前培训暨师资培训会成功举办。来自20个单位的近百名技术能手、业务骨干参加了培训。此后，该赛事每年举办，至2020年共举办四届。优秀选手被纳入素质工程师资库，参与素质工程技术工人培训、劳模讲堂、职工微培训等项目的教学活动。

10 月 31 日　北京市民办学校工会联合会召开市级民办幼儿园集体协商工作推进会。

10 月底　北京市协调劳动关系三方委员会成立。三方委员会主任由分管人力社保工作的副市长担任，成员为市人力社保局、市总工会、市企联、市工商联主要领导。三方委员会的成立标志着自2001 年起运行的北京市协调劳动关系三方会议制度由协商议事平台变为议事决策机构，提高了领导层级，实现了升级发展。

11 月 7 日　市总工会、市人力资源和社会保障局授予为党的十九大安保工作作出突出贡献的北京市公安局党校等 5 个集体首都劳动奖状荣誉称号，授予郝志泉等 6 名同志首都劳动奖章荣誉称号。

11 月 10 日　市总工会印发《关于认真学习宣传贯彻党的十九大精神的通知》。

同日　牛有成赴京东方显示技术公司、长城电子装备有限公司宣讲党的十九大精神并与企业职工代表座谈。

11 月 13 日　北京市总工会微信公众号开通。

11 月 16 日　大厂首钢机电有限公司卫建平创新工作室、北京金隅琉水环保科技有限公司郭玉全创新工作室、国网北京市电力公司陈牧云创新工作室被全国总工会命名为全国示范性劳模和工匠人才创新工作室。

12 月 4 日　市卫计委、市总工会等 15 家单位联合下发《关于加快推进母婴设施建设的实施意见》，大力推进机场、火车站等公共场所母婴设施建设。

12 月 5 日　市委书记蔡奇主持召开十二届市委常委会第 35 次会议，听取了市总工会、团市委、市妇联工作汇报。

12 月 7 日　北京市供热行业工会联合会成立。

12 月 8 日 市总工会召开第十三届委员会第八次全体（扩大）会议，市总工会党组书记郑默杰当选为市总工会第十三届委员会副主席。

12 月 15 日 在北京职工服务中心“12351”热线大厅，市政协主席吉林，市人大常委会副主任、市总工会主席牛有成，市政协副主席李长友等领导视察市政协工会界别委员接听“带着职工心声上两会”热线。“带着职工心声上两会”热线开通于 2005 年，2009 年 12 月改为接听“12351”职工服务热线，至 2021 年该活动已连续开展 16 年。

同日 市总工会印发《关于推动建立协调劳动关系三方委员会的意见》，要求各区总工会积极主动与区人力社保局和企业组织沟通协调，在 2018 年底前完成三方委员会的建立。

12 月 15 日—20 日 埃及金融工会代表团一行 6 人到北京市金融工会访问交流。期间，北京市金融工会与埃及金融工会签署了友好交往备忘录，开创了北京市金融工会与国外同行友好交往的先河。

12 月 22 日 北京康复医院荣获中华全国总工会“全国十佳最美工人疗养院”荣誉称号。

12 月 27 日 市总工会修订《北京市全国和市级劳模专项补助资金发放管理办法（试行）》。

12 月 28 日 市总工会和市政协社法委召开 2017 年工作联席会。双方通报了 2017 年主要工作情况；政协工会界别通报了五年主要工作情况和 2018 年市总工会提案线索征集情况。市政协主席吉林，市人大常委会副主任、市总工会主席牛有成出席会议。此会议制度建立于 2003 年 7 月，至 2017 年，每年召开。

2018年

1月9日 第三届“把微笑带回家，为最美劳动者点赞”大型公益活动在北京城市副中心中建一局潞城棚改安置房工地举行。1000多名建筑工人以及其他行业的劳动者代表获得自己在工作岗位的“笑脸照”。此活动为北京市总工会“两节”送温暖活动之一，2016年至2020年，每年举办。

1月31日 北京地铁公司工会推出的首趟劳模主题地铁专列投入13号线运行。

2月6日 北京市房地产服务行业工会联合会成立。

3月6日 市总工会与市安全生产监督管理局联合印发《关于组建“千企万人”安全生产社会监督职工志愿者队伍的通知》，在企业一线职工中招募志愿者，从事安全生产社会监督志愿服务工作，计划三年内达到万人规模。截至2020年底，共招募1.2万余名。

3月15日 市总工会制定下发《关于深入推进职工之家建设工作的意见》。启动“十百千万计划”，即每年建成10个公共区域职工之家，百个示范职工之家，千个百人以上新建企业职工之家，万个职工暖心驿站；倡导联合建家、网上建家等新的建家模式。截至2020年底，市总工会累计投入资金逾1.4亿元，建成公共区域职工之家56个、示范职工之家420个、百人以上新建会企业职工之家1304个、职工暖心驿站2.6万个。

3月21日 市总工会印发《2018年“劳动光荣”专题宣传工作方案》。全年分三个阶段开展7个系列宣传工作。以“劳动创造生活”、“劳动创造幸福”、“劳动创造未来”为主线，结合改革开放

40周年纪念活动，通过讲好劳模故事、北京大工匠故事、先进职工故事，在全社会大力弘扬“劳动光荣”价值理念。

4月26日 市总工会第十三届委员会第九次全体（扩大）会议在北京职工服务中心召开。会议通过《不断开创新时代首都工会工作新局面 团结动员全市广大职工为建设国际一流的和谐宜居之都而努力奋斗》工作报告，选举市人大常委会副主任、党组副书记刘伟为市总工会主席。

4月 《北京市全国劳模大辞典（1950—2015）》出版。收录了自新中国成立至2015年北京市1197名全国劳模的个人信息和简要事迹。

5月5日—6日 第九届“工体杯”首都职工足球联赛在工人体育场启动。本届联赛共有22支劲旅报名参赛，创造了该项赛事历史上参赛队最多的纪录。该赛事2010年开始举办，至2019年已连续举办十届。

5月14日 市总工会印发《关于学习宣传贯彻习近平总书记给中国劳动关系学院劳模本科班学员回信精神的通知》。

5月17日 市总工会、市安全监管局联合召开北京市“安康杯”竞赛活动20周年总结表彰大会暨2018年工作部署会。会议总结回顾了20年以来“安康杯”竞赛活动的工作成果，表彰了在竞赛活动中涌现出来的先进典型，并对今后一个时期的“安康杯”竞赛工作作了部署。北京市“安康杯”竞赛活动始于1999年，至2017年底，全市累计参赛企事业单位达3.8万家，参赛班组7.3万个，近400万名职工参与了竞赛活动。

5月24日 顺义区总工会部署工会系统“大党建”考核工作。2017—2019年，顺义区总工会将非公经济组织建会工作纳入全区“大党建”工作考核评价体系，形成了“工会考核考党委、建会成效抓书记”的工作格局。

5 月 31 日　北京康复医院劳模健康管理中心迎来了首批劳模体检。

6 月 12 日《北京市总工会参与扶贫协作和支援合作工作三年行动计划（2018—2020 年）》发布。2018 年分别与西藏拉萨、青海玉树、新疆和田、兵团第十四师、内蒙古自治区和河北张家口市等六省区市签订了对口帮扶协议。2018—2020 年为六省区市投入扶贫协作援助资金年度总额分别为 1358 万元、1067 万元、1342 万元。

6 月—11 月　在全市范围开展“工匠精神”宣讲。邀请首届“北京大工匠”作为宣讲人，进校园、进企业、进车间班组讲述工匠故事。

7 月 10 日　北京市总工会、北京冬奥组委在北京 2022 年冬奥会和冬残奥会延庆赛区核心区启动“寻找冬奥工程最美建设者”暨 2018“夏送清凉”活动。首都工会“全面对接冬奥，全面参与冬奥，全面服务冬奥工程”系列行动拉开序幕。刘伟与北京冬奥组委秘书长韩子荣出席启动仪式，并为冬奥工程建设现场“职工暖心驿站”、“创新工作室”、“职工之家”揭牌。

7 月 13 日　市总工会决定开展大工匠创新项目助推。对已创建工作室的北京大工匠，连续 3 年给予每年 10 万元的创新项目助推资金；对已创建工作室的北京大工匠提名人物，连续 3 年给予每年 5 万元的创新项目助推资金。

7 月 20 日　市总工会印发《北京市总工会关于进一步做好困难职工解困脱困工作的实施办法（修订）》、《北京市工会困难职工帮扶资金使用管理办法》。

7 月 26 日　互联网行业非公企业工会改革试点工作会在北京职工服务中心召开，会上下发《北京市互联网行业非公企业工会改革试点实施意见》，对互联网行业职工推出 7 项精准服务。

7 月 昌平区总工会推出《昌平职工文明规范（三字歌）》，旨在引领职工践行社会主义核心价值观。内容为：讲诚信，顾大局；乐奉献，守规矩。言自律，行有序；护环境，齐出力。学劳模，做工匠；勇创新，重科技。扶危困，讲孝义；促和谐，扬正气。

8 月 22 日 市总工会审议通过《首都职工创新品牌展示交流平台建设方案暨北京市五道口工人俱乐部加固改造方案》，同意启动五道口工人俱乐部改造工作，依托俱乐部建设首都职工创新成果及品牌展示交流平台，并给予资金支持。

8 月 24 日 市总工会第十三届委员会第十次全体（扩大）会议暨北京市工会代表会议召开，会议选举产生 82 名北京市出席中国工会第十七次全国代表大会代表，于 10 月 22—26 日参加了在北京召开的中国工会十七大。

9 月 4 日 北京市工艺美术行业工会联合会成立。

9 月 21 日 第二届“北京大工匠”选树工作启动。经过基层工匠选树、确定种子选手、挑战赛角逐、专家组综合评审等环节，历时一年多，共选树 30 个职业（工种）大工匠。2021 年 4 月 14 日，市总工会授予王展超等 30 人“北京大工匠”称号，给予每人 3 万元奖励；授予王彦文等 30 人“北京大工匠提名人物”称号，给予每人 1 万元奖励。

9 月 25 日 北京市工会改革工作推进会暨产业工人队伍建设状况调研部署会召开。会议听取了各区总工会、北京经济技术开发区总工会改革工作汇报，通报了北京市总工会改革进展情况，部署了北京市产业工人队伍建设状况调研工作。刘伟出席会议并讲话。

10 月 12 日 “12351”职工服务热线接听职工诉求破百万。

10 月 31 日 市总工会召开第十三届委员会第十一次全体（扩

大）会议，学习传达习近平总书记同全总新一届领导班子集体谈话时的重要讲话精神和中国工会十七大精神。

11 月 5 日 市总工会印发《首都职工志愿服务助力 2022 北京冬奥会、冬残奥会工作方案》，提出自 2018 年起，在全市工会系统内打造以“助力场馆建设、助力城市文明、助力观赛服务”为一体的系列服务内容。此前，于 10 月 12 日，北京市职工服务中心举办了首场“职工志愿服务大篷车”进冬奥工地活动，服务冬奥场馆建设工人 600 余人次。

11 月 7 日 市委常委会召开第 101 次会议，传达了中国工会第十七次全国代表大会精神，研究我市贯彻意见。会议听取了市总工会工作汇报。

同日 市总工会印发《关于认真学习宣传贯彻习近平总书记重要讲话精神，完成好中国工会十七大目标任务的通知》。

11 月 8 日—9 日 全国人大常委会副委员长、中华全国总工会主席王东明到北京调研，深入考察北京京东方显示技术有限公司、北京奔驰汽车有限公司、北京经济技术开发区职工服务中心、工会教育服务基地、永康公寓工会服务站、苏宁亦庄一店暖心驿站、北京新机场航站楼施工现场、北京职工服务中心等。蔡奇会见了王东明及全国总工会调研组一行，并就工会工作与调研组进行座谈交流。

11 月 9 日 北京市通州区、天津市武清区、河北省廊坊市工会签订《通武廊三地工会交流合作框架协议》。

11 月 12 日—19 日 由北京市总工会选派的北京工程测量代表队参加了在华盛顿举办的首届“中美工程测量对抗赛”，获得团体第一、理论比赛第一和实操比赛优秀的佳绩。

11 月 20 日 市委教育工委、市教委和市教育工会联合出台

《关于推进新时期北京高校教职工之家建设的意见》，提出大力推进北京高校新建校区和民办高校教职工之家建设。

11 月 23 日 日本新潟市教职员组合访华团到北京职工服务中心参观，并举行北京市教育工会与日本新潟市教职员组合友好交流 20 周年纪念活动。

11 月 26 日 北京市工会职工之家、职工暖心驿站建设现场推进会在海淀区智造大街公共区域职工之家召开。各级工会 100 余人参加会议，刘伟出席会议并讲话。

11 月 28 日—12 月 3 日 市总工会机关从东城区台基厂三条 3 号搬迁至北京城市副中心——通州区运河东大街 56 号院办公。此前于 2018 年 3 月—7 月，市总工会开展了市级机关干部职工搬迁城市副中心需求情况的调查，为市委部署首批 35 个市级部门、165 家单位搬迁工作提供了决策参考。

11 月 30 日 全国工会 2018 年“宪法宣传周”暨北京市总工会“尊法守法 · 携手筑梦”服务农民工法治宣传行动启动仪式在北京奥体中心国家速滑馆建设场地举行。中国人民大学等 12 所高校参加 2018 年农民工法治宣传行动。

12 月 1 日 北京市劳动人民文化宫（太庙）文物腾退项目完成签约，签约率 100%。

12 月 7 日 市总工会承办全国总工会“京津冀协同发展交通一体化建设劳动和技能竞赛”决赛。北京代表队取得电工技能、压路机操作、公路试验检测、工程测量四个工种决赛成绩第一名。

12 月 13 日—19 日 市总工会组织 15 人代表团赴台湾参加京台职工木工技艺交流赛，并对台湾总工会进行友好交流访问。

12 月 29 日 市总工会调整市级（示范性）职工创新工作室认定助推政策。加大对市级职工创新工作室的助推力度，对新认定的市级职工创新工作室给予 3 万元的创新项目助推；对新认定的以领军人姓名命名的市级示范性职工创新工作室给予 5 万元的创新项目助推。

本年　海淀区总工会开展首届“海淀大工匠”选树工作，评选出 10 名“海淀工匠”及 2 名“海淀工匠”提名奖人选。

2019 年

1 月 1 日　市温暖基金会发布“一元捐”、“十元捐”职工互助倡议。截至 1 月 31 日，共有 3.87 万名职工参与“一元捐”、“十元捐”活动，捐献善款 52.3 万元。该募捐项目始创于 2010 年，每年在元旦、春节、“五一”和“9·9 公益日”期间开展。

1 月 4 日　市总工会下发《关于 2019 年度基层工会经费有关事项的通知》，提高了全年节日慰问标准、春节联欢慰问标准、会员生日慰问标准。

1 月 16 日　应中华全国总工会邀请，非洲工会统一组织及其下属成员组织主要领导人一行 20 人代表团来京访问并参观依文 · 中国手工坊（依文集团欧洲时尚园），了解中国的文化传承和精准扶贫工作。

2 月 22 日　市总工会第十三届委员会第十二次全体（扩大）会议召开，审议通过了关于召开北京市工会十四大的相关决议和《强化政治担当 忠诚履职尽责 以更加优异成绩迎接新中国成立 70 周年》工作报告。

3 月 11 日　中德职业教育培训合作交流研讨会在首都职工高技能人才培养示范基地（北京市工会干部学院草桥校区）召开。北京市工会干部学院、北京市工贸技师学院、德国东图林根手工业行会（HWK）三方就共建 HWK 海外培训考试中心等事宜进行交流研讨。

4 月 18 日 西城区总工会“劳模鼎”在月坛公园揭幕。自1952 年起评选出的 366 名西城区劳动模范的名字镌刻在劳模鼎底座上。

4 月 21 日 刘伟与“北京大工匠”、劳动模范代表座谈交流，并和他们一起观看了由北京市总工会出品的反映工匠精神题材的京味儿话剧《翔云 8 号院》。

4 月 23 日 朝阳区总工会启动第一届“朝阳工匠”选树工作，涉及 7 个工种。

4 月 26 日 市总工会第十三届委员会第十三次全体（扩大）会议召开，审议通过了《北京市工会第十四次代表大会筹备工作报告》和拟提交北京市工会第十四次代表大会审议的相关材料。

4 月—12 月 北京市服务工会与北京康复医院联合，共为 3000 名快递小哥、3000 名一线环卫职工进行健康体检。2020 年将园林绿化员也纳入体检范围。

5 月 5 日—8 日 北京市工会第十四次代表大会在北京会议中心召开，出席大会的正式代表 643 人。中共北京市委书记蔡奇，全总党组书记、副主席、书记处第一书记李玉赋出席会议并讲话；市委副书记、市长陈吉宁作经济形势报告；市人大常委会主任李伟，市政协主席吉林，市委副书记张延昆等领导出席会议。刘伟代表北京市总工会第十三届委员会作了题为《坚持首善标准，强化政治担当，团结动员全市职工为建设国际一流的和谐宜居之都不懈奋斗》的工作报告。大会选举产生了市总工会第十四届委员会和经费审查委员会。在市总工会十四届委员会一次会议上，选举产生常务委员 29 人；选举刘伟为市总工会主席，郑默杰、潘建新、王敬东、韩世春、赵丽君、王永浩、蒋文云、林林（挂职）、赵郁（兼职）、周宪梁（兼职）、郑尚元（兼职）、刘军（兼职）、周静（兼职）等 13 位同志为副主席。经费审查委员会选举司建为主任。5月16日，蔡奇到市总工会调研，与工会新一届领导班子座谈。

5月9日　由市委教育工委、市教委、市教育工会和教育部全国高校教师网络培训中心共同举办的北京高校第十一届青年教师教学基本功比赛（简称高校青教赛）拉开帷幕，来自北京地区70余所高校的280名选手参赛。首届高校青教赛于1995年11月举办，原则上每两年举办一次。2021年5月至10月举办了第十二届高校青教赛。

5月11日　蔡奇、陈吉宁等市领导就中轴线申遗保护工作到北京市劳动人民文化宫调研。2020年7月13日，再度就此事到文化宫调研。

5月16日　北京康复医院在第六次全国自强模范暨助残先进表彰大会上荣获"全国助残先进集体"称号。

5月18日—19日　2019年北京市职工"和谐杯"乒乓球比赛在工人体育馆圆满收官。来自全市各级工会的55支代表队报名参赛，参赛职工千余名。

5月25日—31日　市总工会组派北京代表交流团共14人赴台湾高雄参加第三届"京台职工厨艺比赛"，并对高雄市工会团体总工会、高雄餐饮职业工会等进行友好交流访问。此前市总工会分别于2017年4月12日至18日、2018年2月27日至3月8日组团赴台湾高雄参加了第一届、第二届京台厨艺交流赛。

5月—12月　市总工会联合市委宣传部、市文化和旅游局、市国资委、市工商联、市文联共同主办"北京力量——与共和国同成长，与新时代齐奋进"北京市第十二届职工文化艺术节。艺术节项目聚焦庆祝新中国成立70周年这条主线，涵盖第36届"五月的鲜花"职工合唱比赛、"京彩有我"职工主题征文比赛、"北京范儿"

职工原创剧目比赛、“祖国颂·劳动美”职工书画作品比赛、“光荣绽放”职工摄影作品比赛、“京华匠心”职工工艺作品比赛等6类市级示范项目。首届职工文化艺术节于1993年5月举办，原则上每两年举办一次。2021年5月举办了第十三届职工文化艺术节。

6月6日　市总工会面向社会公开招录北京市专职工会社会工作者295人，市级行业工会联合会工作人员3人。首次全市专职工会社会工作者资格认证考试于2010年11月25日举行，此后每年公开招考专职工会社会工作者。

同日　市总工会召开“不忘初心、牢记使命”主题教育工作会议，印发《北京市总工会开展“不忘初心、牢记使命”主题教育实施方案》。

6月25日　清华大学、中国矿业大学的专家和教授走进金隅集团生态岛公司沈萤创新工作室，针对企业当前亟须解决的技术创新问题进行了深入交流研讨。“科学家（专家）走进创新工作室”是首都职工素质建设工程2014年开发的新项目。

6月26日—7月2日　市总工会组派代表团赴台湾高雄参加首届“京台职工美发技艺交流赛”，并对高雄市工会团体总工会进行友好交流访问。

7月　北京市总工会职工疗休养服务中心（事业单位）改制为北京京工健康服务有限责任公司（企业）。

同月　顺义区总工会启动第一届“顺义工匠”选树活动。

8月5日　市协调劳动关系三方委员会召开第一次会议，审议通过了《构建新时代北京特色和谐劳动关系重点任务推进计划》和《北京特色和谐劳动关系评价指标体系》。

8月8日—9月24日　市总工会开展“首都万名劳动者同心接力绣国旗”活动。由首都万名劳动者手工绣制的巨幅国旗，被首都博物馆永久收藏。

8月9日 市总工会第七届女职工委员会第一次委员（扩大）会议召开。市总工会党组成员、副主席赵丽君当选为女职工委员会主任。

9月16日 首钢集团在成立100周年之际为12名首届“首钢工匠”颁发了奖牌和证书，给予每位“首钢工匠”一次性奖励10万元、每月1万元工匠津贴，并在研修学习、国际交流、参与民主管理等方面为他们搭建平台。

9月17日 全市困难职工解困脱困工作推进会在北京职工服务中心召开，通报全国总工会经审办帮扶资金专项审计反馈情况，传达全国总工会城市困难职工解困脱困工作座谈会精神并部署全市解困脱困工作。

9月19日 根据市总工会改革试点工作要求，2019年怀柔区政府与区总工会联席会议召开，通报讨论了劳动关系协调工作。

9月24日 大兴区劳模墙在康庄公园揭幕。同时发布《北京市大兴区劳模名录》，收录了从1955年至2015年大兴区历年受到党和国家、北京市人民政府表彰的224名劳动模范和先进工作者的事迹。

10月1日 庆祝中华人民共和国成立70周年大会在天安门广场举行。市总工会组织训练的9个方阵、45辆彩车、2万多名群众走过天安门广场，充分展示了新时代首都职工靓丽的风采；同时全力以赴完成了10万余人、70组彩车、7大类广场元素的集结疏散任务和74辆彩车集结转场任务；圆满完成了组织我市206名劳模代表参加庆祝大会观礼和文艺晚会的任务；高标准完成了各指挥部临时办公服务保障任务。

10月15日 北京市房地产经纪行业第一届服务技能竞赛暨2019年度经纪人标兵赛决赛在北京职工服务中心举行，决赛产生了

10名行业标兵。

10月18日 中国海员建设工会、北京市建筑工会、全国总工会文工团在国家速滑馆（冰丝带）施工现场开展“工会和职工心连心，慰问冬奥建设者”演出活动。北京城建、首开、住总集团等企业600余名工程建设者观看演出。

11月5日 市委同意正式成立北京市推进产业工人队伍建设改革协调小组，由市委常委、组织部部长魏小东任组长，刘伟和副市长王红任副组长，市委组织部、市委宣传部、市总工会等15个单位为成员单位。11月8日，北京市推进产业工人队伍建设改革协调小组召开了第一次会议。

同日 大兴区首届10名“大兴工匠”和10名“最美蓝领”名单揭晓。

11月14日 北京市协调劳动关系三方委员会召开构建和谐劳动关系经验交流会，对2016—2018年度北京市构建和谐劳动关系的195个先进单位和100名先进个人进行表彰，并对新形势下构建北京特色和谐劳动关系进行了全面动员和总体部署。会上首次发布了北京市构建和谐劳动关系十大典型案例。

11月27日 蔡奇主持召开十二届市委常委会第一百七十二次会议，听取了市总工会、团市委、市妇联工作汇报。

12月3日 王东明前往首钢北京园区调研企业转型发展、工匠人才培养选树等情况。

12月9日 市总工会印发《北京市总工会关于进一步做好送温暖工作的意见》，强调围绕重点任务、重点群体、重要时间节点、职工日常重要事项开展送温暖活动。

12月16日 小米集团旗下的小米通讯技术有限公司建立工会组织。

12月25日 市总工会制定《2019—2023年北京市工会干部教育培训规划》，2020年10月28日修订。

12月27日 中共北京市委办公厅、市政府办公厅印发《北京市贯彻〈关于加强和改进新时代产业工人队伍思想政治工作的意见〉的措施》。

12月30日 “新中国70年最具影响力班组”发布，丰台机务段“毛泽东号”机车组、北京市城市照明管理中心华灯班等12个北京市班组入选。

本年 延庆区总工会开展“冬奥世园最美建设者”评选活动，全年共评选出最美建设者1237人。

2020年

1月9日 “温暖送给小蜜蜂、幸福传遍千万家”2020年快递行业送温暖活动在丰台区万泽龙快递园区开展。市总工会为始终坚守在一线岗位、辛勤工作的快递小哥们，送上30万元慰问金和慰问品。顺丰、京东、申通、圆通、EMS等10余家快递公司的150名快递员工参加活动。

1月23日 市总工会召开全市工会系统新型冠状病毒肺炎疫情防控工作部署会，强调以对首都职工群众生命安全和身体健康高度负责的态度，坚决打赢疫情防控这场硬仗。魏小东出席会议并讲话。

1月28日 北京康复医院选拔6名医护人员参加北京市第三批驰援湖北预备医疗队。6月14日至6月23日，共计派出10支医疗队255人次支援北京市核酸检测点工作。

2月1日 市温暖基金会设立“温暖武汉”项目，向社会各界爱心人士和广大职工募集款物，用于武汉市、湖北省和北京市抗击新冠肺炎疫情的一线医护人员及相关保障人员的慰问、帮扶和救助。截至2020年11月16日，共收到13万余名爱心人士、228家单位捐赠款物4200.61万元，累计支出4191.56万元。慰问了武汉市47家定点医院和湖北省11市的医护人员、公安干警、保安员等3.4万人；慰问了北京市3家定点医院、108个发热门诊，首都1000多名援鄂医护人员和部分抗疫保障一线环卫职工、保安职工、社区工作者等。募集规模和援助湖北省、武汉市的善款在全国工会主管的基金会中排名第一，在北京市级基金会中名列前茅。该项目于2021年荣获民政部第十一届“中华慈善奖”。

同日 《工会博览》刊发《忆往昔峥嵘岁月　看今朝初心不改——北京市总工会70年光辉历程回顾》，纪念市总工会成立70周年。

2月5日 市总工会印发《关于充分发挥工会组织作用加强全市复产复工企事业单位职工防疫服务保障工作的通知》，提出协助做好生产经营场所防控、引导职工加强个人防控、维护劳动关系和谐稳定、开展困难职工关心关爱工作、做好职工心理疏导工作等5条措施。

2月6日 北京市总工会职工互助保障服务中心将参与抗击疫情的一线职工和职工家属（含支援武汉医疗队伍）纳入重大疾病、意外伤害、住院津贴、互助互济慰问金等保险保障范围。2月19日将新型冠状病毒肺炎纳入“非工伤意外伤害及家财损失综合互助保障计划”保障责任范畴。

2月12日 市协调劳动关系三方联合发布《风雨同行、携手共济共同维护全市劳动关系和谐稳定——致全市企业和职工的倡议书》。

2月15日 市总工会下发《关于进一步发挥新冠肺炎防控工作专项资金保障作用的通知》，市总工会本级安排疫情防控专项救助资金4225万元，并要求全市各级工会设立疫情防控专项资金。

2月19日 市协调劳动关系三方制定《关于做好新型冠状病毒肺炎疫情防控期间稳定劳动关系支持企业复工复产的实施意见》。

2月21日 市总工会印发《进一步支持企业复工复产保障职工权益的若干措施的通知》，推出9项措施，以降低疫情对企业生产经营和职工权益的影响。

2月28日 市总工会印发《关于新冠肺炎疫情防控期间做好集体协商的工作指引》，指导企业采取应急、应事、一事一议等灵活方式开展协商。

2月28日—7月6日 市总工会分三批共抽调31名机关干部下沉通州区台湖镇胡家垡村、口子村，助力基层疫情防控。全市工会系统共派出3000余名党员干部和专职工会社会工作者下沉到社区（村）。

3月11日 市总工会印发《2020—2021年加强非公有制企业工会组织建设工作的实施意见》，提出职工入会、工作全覆盖，规范建会、组织全覆盖“两步走”工会组织建设新战略。

3月31日 北京市援鄂医疗队在完成各项医疗救治任务后回到北京。蔡奇到首都国际机场迎接，并授予他们“2020年北京市模范集体”称号。

同日 市总工会印发《关于加强首都职工技能人才培训的实施意见》，提出创建“首都职工教育培训联盟”、打造“互联网+”职工培训平台等技能人才培训新模式；计划每两年开展一次“北京大工匠”选树活动，每次选树不少于30名北京大工匠，到2023年，“北京大工匠”总人数达到100名，全市各级工匠总人数超过2000名。

3月 《北京志·工人组织志（2000—2010）》出版。

4月14日 北京市推进产业工人队伍建设改革协调小组印发

《关于进一步健全完善制度机制，深化首都产业工人队伍建设改革的实施意见》。该《意见》贯彻落实2017年4月14日中共中央、国务院印发的《新时期产业工人队伍建设改革方案》，立足首都城市战略定位，坚持首善标准，按照政治上保证、制度上落实、素质上提高、权益上维护的总体思路，围绕加强和改进产业工人队伍思想政治建设，完善培养、评价使用和激励机制，加大支撑保障力度三个方面，提出了北京市产业工人队伍建设改革的具体措施，明确了市委、市政府相关部门与各委办局的职责分工。

4月15日 市总工会在首都医科大学附属北京友谊医院通州院区慰问北京援鄂医疗队。刘伟向援鄂英雄们致以崇高敬意和亲切问候，并为他们送上300万元慰问金。

4月17日 市总工会十四届委员会第二次全体会议以视频会议形式召开，郑默杰作《坚守初心使命 勇于担当作为 为夺取疫情防控和经济社会发展双胜利贡献工会力量》工作报告。

4月22日 北京市政府召开会议研究工人体育场改造项目有关工作，工人体育场改造复建项目正式启动。

5月1日 北京市新型冠状病毒肺炎疫情防控工作第九十八场新闻发布会召开。市总工会新闻发言人在会上传达了习近平总书记给郑州圆方集团职工回信精神，并与4位优秀劳动者代表一同介绍了本市一线劳动者战“疫”故事和复工复产情况。

5月8日—14日 市商务局、市总工会开展职工生活保障情况调研，走访中关村科学城、北京CBD、市内大型餐饮集配企业等单位，了解中小微企业职工的就餐保障情况。

5月13日 贝壳找房（北京）科技有限公司建立工会组织。

5月19日—8月13日 市委第六巡视组对市总工会党组开展巡视工作。

5月27日 为落实《北京市2020年消费扶贫行动方案》，市总工会要求各级工会凡购买农副产品作为慰问品的，应按不低于30%的份额购买贫困地区农副产品。

5月29日 市总工会下发《关于做好“培育助推和谐劳动关系企业共同行动”的通知》，选取重点企业进行点对点培育，为每家企业提供2万元的助推资金，组织专业律师团队为部分企业提供免费劳动用工“法治体检”。

6月9日 市协调劳动关系三方印发《实施集体协商“保企业保就业保稳定”行动计划》。

同日 市建筑工会与市住建委召开联席会议，就促进工会与政府部门工作会商达成原则意见。

6月15日—7月31日 市总工会与市应急局、市卫健委联合开展2020年度“安康杯”线上有奖知识竞赛活动，全市职工共计25万人次参与了线上知识竞赛。

6月18日 市总工会下发《支持小微企业工会经费政策实施方案》，对上一年度享受北京市小微企业普惠性税收减免政策，并足额缴交工会经费（筹备金）的小微企业，定期全额返还其缴交的工会经费（筹备金）。政策实施期限自2020年1月1日起，至2021年12月31日止。

6月29日 市总工会号召全市各级工会对受疫情影响的低收入职工、感染新冠肺炎职工以及染病病亡职工家庭开展慰问。

7月28日 市扶贫支援办、市总工会、北京银行、首农食品集团签署消费扶贫四方合作协议，依托已经发行的工会会员卡，开展消费扶贫促销优惠活动，打造“消费扶贫＋工会会员卡”模式。

7月31日 北京市工会系统生活垃圾分类工作推进会召开，下发《关于在全市职工中开展生活垃圾分类社会动员工作的通知》。

8 月 3 日　首批 36 个职工之家和 622 个职工暖心驿站，在北京工会“12351”App 和北京“12351”职工服务网上线地图定位，职工可以随时查找附近的职工之家和职工暖心驿站。

8 月 25 日　王东明率队到北京市水务局调研，了解北京水务系统工会深入学习贯彻习近平新时代中国特色社会主义思想，统筹推进疫情防控、防汛、复工复产，以及落实工会各项重点工作情况。

9 月 4 日　北京市物业行业工会联合会成立。

9 月 14 日—20 日　以“网络安全为人民，网络安全靠人民”为主题的“网络安全周”活动在全市职工中开展。

9 月 18 日　全国总工会委托第三方来京评估北京市困难职工解困脱困工作。评估结果显示，我市困难职工解困脱困帮扶精准度、动态管理精准率、帮扶工作满意度为 100%。按照全总的标准，我市已基本完成困难职工解困脱困任务。

9 月 21 日　市总工会印发《北京市工会帮扶资金使用管理办法》，要求按照深度困难、相对困难、意外致困等困难类别建立梯度困难职工档案，实施分类帮扶。

9 月 27 日　市总工会下发《关于进一步深化北京市职工创新工作室工作的意见》，提出“到 2025 年各级职工创新工作室总数超过 8000 家，市级职工创新工作室超过 900 家”的目标任务，和“建立跨区域、跨行业、跨企业的创新工作室联盟”等创新举措。同时修订下发《北京市级职工创新工作室管理办法》。

10 月 22 日　市委常委会第二百四十五次会议听取市总工会工作情况汇报。蔡奇对市总工会工作给予肯定，要求市总工会向前一步维护职工合法权益，持续推进职工之家建设，积极构建和谐劳动关系，稳定职工队伍。

11 月 3 日　市协调劳动关系三方制定《北京市劳动关系“和谐

同行”能力提升三年行动方案》。

11 月 4 日　市总工会印发《北京市工会三级服务体系服务项目管理办法》、《关于健全完善 12351 职工服务热线“接诉即办”工作机制的实施方案》、《关于建立工会领导干部 12351 职工服务热线“听心声、解忧困、聚合力”沟通日制度的实施方案》、《北京市专职工会社会工作者管理办法》。

11 月 9 日　市公园管理中心 2020 年导游讲解大赛决赛在中国园林博物馆成功举办。颐和园、天坛、北海、香山、园博馆等各公园领导、决赛选手以及 2020 年新入职的导游讲解员等近 200 人参加。

11 月 12 日　市总工会印发《北京市工会会员会籍管理实施办法（试行）》。

11 月 20 日　市总工会召开女职工权益保护专项集体合同推进会。提出力争用三年时间（2020 年底至 2023 年底），实现签订集体合同的单位女职工权益保护专项集体合同基本全覆盖。

同日　市总工会在抖音、快手、微视、今日头条、西瓜视频、知乎六个商业网络平台开通官方账号。

11 月 24 日　全国劳动模范和先进工作者表彰大会在北京人民大会堂隆重举行。北京共有 79 人获得 2020 年全国劳动模范、全国先进工作者荣誉称号。其中，与抗击新冠肺炎疫情相关的人员达 20 名，超过新当选总人数的 1/4。

12 月 7 日　市委副书记张延昆在市总工会领导陪同下到北京市职工服务中心调研。

12 月 10 日　北京市召开厂务公开联席会议 2020 年（扩大）会议，对 16 家获得全国厂务公开民主管理先进单位及示范单位称号的企业进行了表彰。

12 月 17 日　北京金融工会、中国金融工会北京工作委员会与北京保险行业协会签订了《北京保险行业 2020 年度集体合同》，覆盖全市 20 余家保险公司，成为全国省级保险行业首份集体合同。

12 月 22 日　北京市劳动模范、先进工作者和人民满意的公务员表彰大会在北京会议中心召开，市有关委办局设分会场。664 名劳动模范、484 名先进工作者、186 个模范集体、30 名“人民满意的公务员”和 10 个“人民满意的公务员集体”受到表彰。市委书记蔡奇出席会议并作讲话，市委副书记、市长陈吉宁主持会议，市人大常委会主任李伟、市政协主席吉林出席会议，市委副书记张延昆宣读表彰决定。

12 月 28 日　市总工会与市民政局签订困难职工家庭经济状况核对协议，约定通过北京市社会救助家庭经济状况核对信息系统管理平台，定期核查我市困难职工家庭资产、家庭成员收入变化情况。

12 月 29 日　北京市设备安装工程集团陶建伟创新工作室、首都医科大学附属北京朝阳医院童朝晖创新工作室等 5 家创新工作室被评为全国示范性劳模和工匠人才创新工作室。

本年　截至 2020 年底，在职职工职业发展助推计划已累计为 29641 名职工发放助推金 3614.32 万元。各级工会组织已建立“母婴关爱室”6359 个，开办职工子女暑期托管班 419 个。全市共有专职工会社会工作者 1738 名，其中大学毕业生 1636 人，退休返聘人员 50 人，公益性组织就业人员 52 人。市温暖基金会共设立 46 支专项基金，其中区域产业类专项基金 25 支，职工群体类专项基金 14 支，职工需求类的专项基金 7 支。

2021年

1月15日 市总工会印发《关于维权向前一步积极构建和谐劳动关系的工作措施》。

1月18日 王东明率队到建设银行东四支行“劳动者港湾”、苏宁小店新街口西里店“暖心驿站”等地考察工会户外劳动者服务站点建设情况，看望慰问劳动模范和困难职工。

1月27日 市总工会印发《关于新就业形态人员权益维护法律服务实施办法（试行）》，为新业态劳动者提供普及法律知识、提供法律咨询、引导协商和解、调解劳动争议和代书代理案件五大类法律服务。

2月26日 市总工会召开第十四届委员会第四次全体会议，选举产生了第十四届委员会主席、副主席、常务委员。张延昆出席会议并讲话。魏小东当选为市总工会主席。郑默杰代表市总工会第十四届常委会作了题为《开局十四五 启航新征程 团结动员广大职工为推动首都高质量发展而奋斗 以优异成绩庆祝中国共产党成立100周年》的工作报告。

3月15日 市总工会召开机关系统党史学习教育动员大会。

3月18日 市委组织部、市总工会、团市委、市妇联相关负责人，到海淀区调研互联网行业“党群共建”工作。

3月 北京奔驰工会开通“666职工服务热线”。职工可通过热线电话直接与工会工作人员沟通、反映困难、提出工作意见建议，工会第一时间协调问题解决并答复职工。

4月12日 市总工会下发《关于认定2020年度市级（示范性）职工创新工作室、名师带徒和首都职工自主创新成果的决定》，认定20家市级示范性职工创新工作室、60家市级职工创新工作室，授予100对师徒“名师带徒”称号，并认定2020年度首都职工自主创新成果奖项。

4月20日 “决战脱贫攻坚”百姓宣讲团走进市总工会开展巡回宣讲活动。

4月23日 市总工会、市人力资源和社会保障局下发《关于授予2021年首都劳动奖状、首都劳动奖章和北京市工人先锋号的决定》，授予58个集体首都劳动奖状称号，授予299名同志首都劳动奖章称号，授予118个班组（团队）北京市工人先锋号称号。

4月27日 市总工会下发《关于开展北京市“工会进万家”调研走访慰问活动的通知》，要求各级工会干部于4月下旬至5月底，开展关心关爱劳模群体、高技能人才、困难职工和一线职工活动。

4月28日 “中国梦·劳动美——永远跟党走 奋进新征程”百名劳模图片展在京开幕，全国总工会党组书记、副主席、书记处第一书记陈刚出席开幕式并为图片展揭幕。

4月29日 陈刚率队在北京开展“工会进万家”调研走访慰问活动，看望劳动模范和困难职工，向他们致以节日的祝贺。

4月30日 习近平总书记代表党中央，向全国广大劳动群众致以节日的祝贺和诚挚的慰问。市总工会党组召开专题会议，认真学习习近平总书记重要指示精神，要求各级工会第一时间组织传达学习，广泛宣传宣讲，狠抓贯彻落实。

同日 北京市召开首都产业工人队伍建设改革暨职工创新工作室建设推进会。魏小东出席会议并讲话。

同日 北京市召开全市工会劳动领域维护政治安全工作部署会。魏小东出席会议并讲话。郑默杰部署了相关工作方案。

5月14日 市总工会举办“网聚职工正能量，争做中国好网民”主题活动。

6月2日 全国职工党史知识竞赛启动。市总工会组织动员全市职工通过“暖微工会”、“劳动午报”微信公众号线上答题，活动历时35天，70万名职工参加。

6月3日 市总工会印发《关于2021年全国五一劳动奖状、奖章和全国工人先锋号及首都劳动奖状、奖章和北京市工人先锋号奖励的通知》。全国五一劳动奖章获得者，全国总工会奖励10000元/人，市总工会奖励5000元/人；首都劳动奖章获得者，市总工会奖励5000元/人。

6月7日 市总工会在全市工会系统启动“我为职工办实事”实践活动。要求各级工会围绕非公企业建会难和快递员、网约送餐员等八大群体入会难，“三新”领域就业群体服务，困难职工帮扶，“接诉即办”等八个方面17项重点任务办实事。

6月16日 市总工会、市应急管理局联合印发《2021年“千企万人”安全生产社会监督职工志愿者志愿服务项目实施方案》。围绕首都中心工作，开展安全应急知识宣传普及职工志愿服务活动，普及防灾减灾、应急避险常识和紧急救护技能。

7月1日 庆祝中国共产党成立100周年大会在北京天安门广场举行。市总工会坚持“精精益求精、万万无一失”的工作标准，圆满完成了广场各要素的集结疏散、交通保障、通信联络和组织职工代表参加庆祝大会等重点任务。并分别于6月26日、28日、29日，圆满完成了组织职工参加庆祝大会演练、观演《伟大征程——庆祝中国共产党成立100周年文艺演出》，组织优秀劳模代表参加“七一勋章”颁授仪式等重要任务，为庆祝大会的成功召开作出了贡献。

7月6日 市总工会召开事业单位改革会议，市总工会所属事业单位从15个减至9个。北京市职工服务中心（北京市技术交流中心）、北京职工对外交流中心、北京市职工物价监督总站合并为北京市总工会职工服务中心。北京市总工会信息中心、北京市总工会工运史和劳动保护研究室、北京市总工会老干部活动站合并为北京市总工会综合服务中心。北京市五道口工人俱乐部的职责划归北京市劳动人民文化宫。

7月12日 魏小东对市委国家安全委员会办公室报送的《关于外卖骑手及新经济业态群体安全风险的调研报告》作出批示：请市总工会做些调研，有针对性地提出建议。7月至10月，市总工会在全市范围内牵头开展了北京市新就业形态劳动者状况调研，形成调研报告。

7月16日 北京市推进产业工人队伍建设改革协调小组第二次会议召开。魏小东出席会议并讲话，协调小组各成员单位相关负责同志参会。会议审议通过了《2021年北京市产业工人队伍建设改革工作要点》、《北京市产业工人队伍建设改革试点工作方案》。7月30日，启动首批试点工作，其中全面试点2个单位，项目试点10项21个单位，试点时间1年。

7月19日 市温暖基金会的“公益班车”、西城区睦邻社工事务所的“工企联动·三级覆盖——社工助推工会服务”、心启航公益服务中心的“德胜街道企业内部员工心理辅导站建设”、朝阳区智耘弘善社会工作事务所的“环卫工人爱心驿站”入选全国总工会“首批全国工会联系引导社会组织服务职工优秀项目”。

7月27日 陈刚一行来京调研，实地走访了北京奔驰公司总装一工厂装配线、京东物流兴茂营业部，深入了解培养工匠和发挥工匠人才作用、新就业形态劳动者权益和建会入会情况。

7月—10月 市总工会开展机关干部赴基层蹲点活动。成立10个蹲点工作组，深入街道、乡镇、企业、协会等基层一线，以推进新业态、新就业群体工会工作为重点，挖掘提炼基层好经验、好做法，解决基层困难问题。蹲点期间共收集意见建议210条，解决问题、困难108条。

8月6日 市总工会印发《关于加强面向新业态、新就业群体的服务阵地建设的通知》，提出："努力将公共区域职工之家和暖心驿站打造成面向以新业态、新就业群体为重点的广大户外劳动者的党的政策宣传站、工会会员发展站、职工群众服务站。"

8月18日　滴滴集团（北京）工会委员会成立，覆盖职工约1.2万人。

8月20日　市总工会下发《关于做好北京市"双减"政策下教培行业职工权益维护的通知》，要求各区总工会、经济技术开发区总工会落实属地责任，加强对教育培训行业劳动关系风险监测，及时掌握涉及裁员、减薪、欠薪等问题，促进协商，切实维护职工权益。

8月23日　市总工会印发《北京市总工会推进新业态、新就业群体工会工作实施方案》，成立由市总工会党组书记任组长的北京市总工会推进新业态、新就业群体工会工作领导小组，组建工作专班，制定工作任务分解表，确保各项举措落地落实。

8月24日　《北京市"十四五"时期职工发展规划》正式发布。《规划》从保障职工政治地位、加强职工思想政治引领、加快提升职工技能水平、"向前一步"维护职工劳动经济权益、提升职工生活品质、夯实职业安全基础保障等六个方面，谋划部署了"十四五"时期职工发展和工运事业重点工作，首次提出18项具体指标、15个重点工作专栏。

同日　市职工互助保障服务中心推出新业态劳动者专项互助保障，投入1000万元为新业态劳动者提供意外伤害、子女意外、重大疾病、因病身故、家财损失等五项保障。截至10月26日，参保人数已突破20万。

8月27日—12月31日　市总工会在全市开展了全国和北京市"最美工会户外劳动者服务站点"推树活动。经基层推荐、综合评议、公示等程序，最终确认东城区北新桥街道工会服务站等150个站点为“全国最美工会户外劳动者服务站点”，确认东城区南锣鼓巷暖·空间公共区域职工之家、暖心驿站等200个站点为“北京市最美工会户外劳动者服务站点”。

8月30日 京东集团工会成立，涵盖在京所属21家企业，覆盖企业职工3万余名。12月23日，京东集团第一届第一次职工代表大会审议通过了《京东集团集体合同（草案）》、《京东物流集体合同（草案）》和四项规章制度。

8月31日 市总工会半年工作会暨新业态、新就业群体工会工作推进会召开。会上明确要全面推进《北京市“十四五”时期职工发展规划》实施，坚持维权、服务“向前一步”，将维护新就业形态劳动者劳动权益，增强新就业形态劳动者获得感、幸福感作为重点任务和改革举措。会前，与会人员参观了通州区路源街道公共区域职工之家、户外劳动者暖心驿站。

9月2日 市总工会印发《深入学习贯彻习近平总书记关于工人阶级和工会工作的重要论述》通知。

9月3日 市总工会召开新业态、新就业群体入会集中行动专题部署会议。动员全市各街道、乡镇工会在9月份开展网约送餐员入会专项行动，10月份开展包括快递员、保安员、护工护理员在内的生活服务类群体入会专项行动，11月份开展网约车司机、货车司机入会专项行动。

同日 市总工会启动2021年“金秋助学”，对困难职工子女给予资助。中小学生补助3000元/人，高中学生补助4000元/人，大学专科本科、研究生补助由11700元/人提高到12450元/人。

9月6日 王东明对《北京市总工会关于新就业形态劳动者维权服务保障工作的报告》作出批示：北京市总工会探索形成的“两个向前一步”、“双沟通”、“两个全覆盖”的做法、经验，应予充分肯定。望加强此类总结交流，推动各级工会进一步做好新就业形态劳动者维权服务和建会入会工作，推动构建和谐劳动关系，维护企业和社会大局和谐稳定。

同日 经北京市评比达标表彰工作协调小组办公室同意，市总工会、市人力资源社会保障局联合印发《北京市模范职工之家、模范职工小家和优秀工会工作者评选表彰管理办法》，将“两模一优”评选表彰调整为每五年开展一次。2014 年 10 月 24 日印发的《北京市模范职工之家、模范职工小家和优秀工会工作者评选表彰暂行办法》废止。

9 月 18 日 北京链家无限壹店“户外劳动者暖心驿站”揭牌。同日，北京市总工会依托北京链家建设的 1457 个户外劳动者暖心驿站同步对外开放。

9 月 23 日 北京市临街餐厅“户外劳动者暖心驿站”建设工作现场推进会在东城区龙潭街道召开，推广良苑餐厅暖心驿站等 9 个站点落实“七有”[①]建设标准和“八可”[②]服务的经验做法。

10 月 12 日 市总工会、北京城市学院联合举办劳模工匠进校园宣讲活动，9 名劳模工匠受聘担任北京城市学院“社会导师”。

10 月 14 日—16 日 第七届全国职业技能大赛在成都举办。北京代表队在六个工种个人项目中获得两个冠军、两个亚军；在六个工种团体项目中获得一个冠军、一个亚军、一个季军；北京市总工会荣获最佳组织奖。

10 月 19 日 首钢园户外劳动者职工之家揭牌。在揭牌仪式上，

① “七有”，即有统一标识、有固定场所、有服务设施、有管理制度、有人员服务、有地图可查、有政策宣传。

② “八可”，即热可纳凉、冷可取暖、雨可栖身、急可如厕、渴可饮水、累可歇脚、伤可用药、餐可优惠。

市总工会相关领导同时为市工业（国防）系统的首钢、京城机电、工美、金隅、北汽等集团依托工业遗存、工业园区、商务楼宇、服务窗口创建的另外5家户外劳动者职工之家和7家户外劳动者暖心驿站授牌。

10月27日 蔡奇主持召开十二届市委常委会第三百一十六次会议，听取工会工作汇报。

10月下旬 按照2022年冬奥会和冬残奥会北京市运行保障指挥部火炬接力保障组工作部署，市总工会成立火炬接力保障组活动景观组工作专班，负责北京地区6个火炬接力点位景观布置、环境整治、体育表演和观众组织等四项工作任务。

11月11日 市总工会经费审查办公室被市委、市政府授予“北京市扶贫协作先进集体”称号。

11月23日 市人力资源社会保障局、市总工会、北京企业联合会、市工商业联合会授予市总工会法律服务中心首批“北京金牌劳动人事争议调解组织”称号。

12月9日 市总工会印发《劳动和技能竞赛规划（2021—2025年）》。

12月10日 市总工会启动“在京过大年 一起向未来”主题系列送温暖活动。

12月13日 市总工会领导前往冬奥延庆赛区临时办公区，慰问场馆项目建设和服务保障相关单位一线职工。

12月15日 市总工会发布《关于在工会工作者和职工中开展法治宣传教育的第八个五年规划（2021—2025年）》。

12月16日 在2022年北京冬奥会倒计时50日之际，“科技冬奥 智慧支付”北京市金融业职工迎冬奥支付环境建设技能竞赛决赛成功举办。本次竞赛由北京市总工会、中国人民银行营业管理部联合举办，北京市金融工会、北京市职工技术协会、中国人民银行营业管理部工会协办，北京市支付清算协会、中国银联股份有限公司北京分公司承办，共组织全市 85 家金融单位 7.5 万余名金融从业人员参加，最终决出“北京冬奥支付标兵”10 名。本次大赛被中华全国总工会列入“十四五”全国引领性技能竞赛项目。

12 月 27 日　阿里巴巴（北京）软件服务有限公司工会委员会成立，覆盖职工近万人。

同日　美团（北京）工会委员会成立，覆盖职工约 2.5 万人。

12 月 30 日　市总工会、市人力资源和社会保障局联合下发《关于表彰 2021 年北京市模范职工之家、模范职工小家和优秀工会工作者的决定》，授予北京航腾物业管理有限责任公司工会委员会等 97 个单位北京市模范职工之家称号，授予东城区交道口街道南锣鼓巷联合工会暖·空间小组等 99 个单位北京市模范职工小家称号，授予宫汝津等 300 名同志北京市优秀工会工作者称号。

本年　按照全国总工会开展新就业形态劳动者入会集中行动要求，市总工会重点推进互联网头部企业、品牌快递企业建会和新就业形态劳动者入会。截至 2021 年底，全市已有美团、滴滴、阿里巴巴、京东等 16 家互联网头部企业及顺丰、“三通一达”[①] 等 14 家品牌快递企业建立工会组织。按照平台企业集团总部牵头、属地区域兜底的原则，在各街道乡镇设立新就业形态劳动者联合工会 355 个，累计发展新就业群体 29.24 万人入会，其中网约送餐员 28663 人、快递员 48694 人、保安员 126359 人、护工护理员 24273 人、网约车司机 24926 人、货车司机 12864 人。

---

① “三通一达”，即中通、圆通、申通、韵达 4 家快递公司。

后　记

《北京工运大事记（1883—2021）》编写工作以习近平新时代中国特色社会主义思想为指导，坚持辩证唯物主义和历史唯物主义原则，重点记录五四运动以后中国共产党领导下的北京工人运动和工会工作中的大事、要事，充分展现北京工人阶级和工会组织围绕党在不同历史时期的纲领和中心任务所取得的历史成就和历史经验，并适当追溯1883年北京近代工业诞生以来早期产业工人自发的斗争。

本书采用编年体，按照旧民主主义革命时期、新民主主义革命时期、社会主义革命和建设时期、改革开放和社会主义现代化建设新时期、中国特色社会主义新时代五个历史分期，逐年、逐月、逐日编写。对于有连续性、前后间隔时间不太长的事件，采用纪事本末体，适当集中记述。编辑中，首次出现的人名记姓名和职务，之后只记姓名。涉及单位名称，用全称或规范简称。

本书编写工作在北京市总工会党组领导下进行。党组书记、副主席张良多次听取编写工作汇报，提出明确要求。全书由党组成员、副主席韩世春审定。研究室承担编写任务，张鹏负责全书统稿工作。张秋生负责1883—1976年部分编写；王慧民负责1977—1993年部分编写；冯军负责1994年—2009年2月部分编写；2009

年3月—2013年部分由集体编写；2014—2021年部分由冯丽君编写，石岳、张环宇、吴海瑝协助。

本书编写得到市委党史研究室，中国工运研究所，各区总工会、北京经济技术开发区总工会，各产业工会，市总工会各部门、各直属单位和协会的大力支持和热情帮助。戴文宪、何广亮、韩勤英、韦冬妮等专家审阅本书，提出了宝贵意见。在此谨表示衷心感谢。限于掌握资料程度和编写者水平，书中难免挂一漏万，敬请各位读者批评指正。

北京市总工会研究室

北京市工运理论研究会

2023年2月